Gerhard Herz - Mechthild Herzer

Die Lerninsel auf Zeit

Ein schlankes Qualifizierungsmodell für lernende Unternehmen

Erste Auflage 2000

Redaktion: Axel Föller-Mancini
Satz: Sebastian Ahlborn
Umschlaggestaltung: Ingo Ross
ISBN: 3-933499-07-0

Herstellung: Libri Books On Demand

Gerhard Herz - Mechthild Herzer

Die Lerninsel auf Zeit

Ein schlankes Qualifizierungsmodell für lernende Unternehmen

Udeis Verlag

Diese Publikation ist entstanden aus dem Endbericht des Modellversuchs der HAUNI Maschinenbau AG Hamburg: "Integrierte Entwicklung berufsübergreifender Handlungskompetenzen in der kaufmännischen und in der gewerblich-technischen Berufsausbildung" (Projektleitung: Joachim Schlicht, Ute Schmoldt-Ritter) Der Modellversuch wurde aus Mitteln des Bundesministers für Bildung und Wissenschaft gefördert und vom Bundesinstitut für Berufsbildung - BIBB - fachlich betreut (Dr. Gisela Dybowski). Wissenschaftliche Begleitung: Institut für Betriebliche Bildung und Unternehmenskultur - IBU - (Dr. Gerhard Herz, Mechthild Herzer)

Inhaltsverzeichnis

Vorbemerkung

Von März 1993 bis März 1996 wurden im Modellversuch zur integrierten Entwicklung berufsübergreifender Handlungskompetenzen neue Lernortkombinationen und neue Modelle der Lernorganisation für die betriebliche Ausbildung entwickelt und erprobt. Durch ein neues didaktisches Konzept sollten berufliches Know-how, fachübergreifende Qualifikationen, Zusammenhangskenntnisse und ein verantwortlicher Umgang mit Ressourcen systematisch gefördert werden. Träger des Modellversuchs war zunächst die Körber AG in Hamburg-Bergedorf. Durch organisatorische Veränderungen im Konzern ging die Trägerschaft auf die HAUNI Maschinenbau AG über, ohne dass sich für den Modellversuch dadurch personelle oder organisatorische Änderungen ergeben hätten. Der überwiegende Teil der Ausbildungsaktivitäten fand "vor Ort" - an Arbeitsplätzen in der Produktion und in kaufmännischen Fachabteilungen - statt. Die Lernchancen der zentral vorhandenen Lernorte (Ausbildungswerkstatt, Fachbereiche, Lernstudio, Werkbüro) wurden durch die flexible Vernetzung und Kombination dieser Lernorte und die Schaffung neuer Lernsituationen systematischer genutzt, als es in betrieblichen Ausbildungsgängen bisher üblich ist.

Die Konzeption dieses Modellversuchs wurde vom *Institut für Betriebliche Bildung und Unternehmenskultur* (IBU) entwickelt, das auch die wissenschaftliche Begleitung übernahm. Er begann nach der Genehmigung durch das Bundesinstitut für Berufsbildung (BiBB) am 1.3.93 und endete am 31. 3. 1996.

Das Konzept "Lerninsel" wird in der Berufsbildung seit etwa 1992 durchaus diskutiert. Dennoch ist es ist erstaunlich, dass auch fast drei Jahre nach Abschluss dieses Modellversuchs das Lerninselkonzept fast automatisch mit fest installierten und damit investitionskostenträchtigen Einrichtungen in Betrieben gleichgesetzt wird. Bleibt man mit dem Lerninselkonzept bei dieser Vorstellung stehen, so hat es nur in Großbetrieben und auch dort nur bei qualifizierungsspolitischer Schönwetterlage eine Realisierungschance. Das hier vorgestellte Konzept der Lerninsel auf Zeit[1] ist ausdrücklich auf die Bedingungen kleinerer und mittlerer Unternehmen zugeschnitten und mit solchen zusammen erprobt. Weil es keiner Investition bedarf, die in einem betrieblichen Projekt nicht ohnehin anfallen würde, ist es in fast jeder Unternehmensgröße einsetzbar. Es bietet darüber hinaus die Möglichkeit, den wichtigen Lernprozessen im Betrieb, die man heute *informelles Lernen* oder *Erfahrungslernen* nennt, den nötigen Reflexionsraum[2]. Gerade vor diesem Hintergrund scheint uns dieses Konzept zukünftig noch an Bedeutung zu gewinnen.

Im ersten Abschnitt dieses Bandes wird die Konzeption vorgestellt. Im zweiten Abschnitt werden die Projektaktivitäten an den verschiedenen Standorten beschrieben. Im dritten Abschnitt sind die Ergebnisse und Erfahrungen des Modellversuchs zusammengefasst. Dieser Bericht war 1996 als Manuskript weitgehend abgeschlossen. Veranlasst durch verschiedene Nachfragen, wird er nun in dieser Form auch der Öffentlichkeit zur Verfügung gestellt

Ein weiteres Ergebnis des Modellversuch ist unter dem Titel *Projektmanagement in der Ausbildung* beim W. Bertelsmann Verlag in Bielefeld erschienen. Berichte über den Ablauf an einzelnen Standorten sind in Form von zwei "Fallstudien" beim IBU erhältlich.

Gröbenzell, Frühjahr 2000 Dr. Gerhard Herz, Mechthild Herzer

I. Lerninsel auf Zeit – Qualifizieren in der Realsituation. Berufsbildung als Innovationsagent

Strukturveränderungen der Märkte, ein verstärkter Einsatz neuer Technologien und ein bewussterer Umgang mit Ressourcen haben zu vielfältigen Veränderungs- und Umstrukturierungsaktivitäten in den Organisationen und Unternehmen der Industriestaaten geführt. Wenn es gilt, qualitativ hochwertige Produkte zum richtigen Zeitpunkt, bei schonender Nutzung von Ressourcen und wettbewerbsfähigen Preisen auf den Markt zu bringen, so ist dies mit den traditionellen Organisationsstrukturen und Führungsmethoden nicht mehr zu bewältigen. Besonders die japanische Industrie übte und übt in diesem Zusammenhang mit außerordentlich erfolgreichen Wettbewerbskonzepten und qualitativ hochwertigen Produkten einen enormen Druck auf den internationalen Markt aus. Im Zuge der Entwicklungen des letzten Jahrzehnts wurde immer deutlicher, dass Fabriken in Japan offensichtlich wesentlich effizienter organisiert und geführt werden, als dies im Westen üblich war. Immer wieder neue "Patentrezepte" werden daher heute in der einschlägigen Literatur publiziert und in vielen Unternehmen diskutiert und erprobt. Den meisten dieser "Gesamtstrategien" ist gemeinsam, dass sie versuchen, die Reorganisation von Strukturen und Prozessen am Wertschöpfungsprozeß und am Merkmal der Lernfähigkeit von Organisationen zu orientieren.[3]

Wichtige Merkmale dieser neuen Unternehmenskonzepte, wie z.B.: "Lean-Management", "Just-in-time", "KVP", "Kaizen", "Kanban", "Benchmarking", "Total Quality-Management", "Reingeneering" und "Simultaneuos Engineering" sind zum Beispiel:

- Organisationsstrukturen und Abläufe in den Unternehmen nach den Maßgaben: Flexibilität, Kundenorientierung und Vereinfachung;
- Gliederung der Organisation in kleine, überschaubare Einheiten, die ganzheitliche Aufgaben wahrnehmen und in engem Kontakt zum internen und externen "Kunden" stehen. Prinzipien sind: Offener Kontakt, offene Kommunikation, schnelles Feedback vom Kunden, schnelle Reaktion auf Kundenbedürfnisse und -erwartungen;
- Reduzierung von Arbeitsteilung, Zusammenführung von "Denken und Tun", Entwicklung von "ganzheitlichen" Arbeitsplätzen und Team-

strukturen;

- Führungskonzepte und Formen der Arbeitsorganisation, die dazu beitragen, die Kreativität, Motivation und Kompetenz der Mitarbeiter zu mobilisieren, z.B. durch Bildung von fachübergreifenden, berufs- und unternehmensübergreifenden Projektteams. Enge, berufs- und fachübergreifende Kooperation, zunehmend nicht nur werksintern, sondern auch mit Zulieferbetrieben;
- Immer stärkere Einbeziehung der Mitarbeiter in die ständige Optimierung der Prozesse und die ständige Verbesserung der Produkte;
- Führung auf partnerschaftlicher Basis in gegenseitigem Vertrauen, durch Vereinbarung von Zielen und in tatkräftiger Unterstützung durch die Vorgesetzten. Führungskräfte werden potentiell zu "Dienstleistern" und "Beratern" ihrer Mitarbeiter, damit diese ihre Aufgaben möglichst eigenverantwortlich erfüllen können.

All diese Konzepte, Organisations- und Management-Modelle stellen neue oder erhöhte Anforderungen an die Mitarbeiter und Führungskräfte der Unternehmen und sind daher in der Regel mit umfangreichen fachlichen und fachübergreifenden Weiterbildungsaktivitäten gekoppelt. Die Ressource "Mitarbeiterqualifikation" stellt nach allen Erfahrungen in Unternehmen, die komplexe (internationale) Märkte beliefern und auf Kundenanforderungen schnell und flexibel reagieren müssen, einen bedeutsamen Wettbewerbsfaktor dar. Dennoch werden in vielen dieser Unternehmen Fragen nach den entsprechenden Konsequenzen undVoraussetzungen in Richtung ganzheitlicher, betrieblicher Personalentwicklungskonzepte noch kaum bearbeitet. So wird sich z.B. auf die Dauer eine engere Verknüpfung von Aus- und Weiterbildung und ihre Einbettung in systematische, umfassende organisationsbezogene Personalentwicklungskonzepte - vom ersten Tag der Ausbildung an - als unumgänglich erweisen.

Betrachtet man die Ausbildung als "Dienstleister" für das Unternehmen und die betriebliche Personalentwicklung, so ergeben sich aus den neuen Marktanforderungen und Unternehmenskonzepten neue Herausforderungen. Dies wird deutlich, wenn man sich einmal nur einige der Fähigkeiten vergegenwärtigt, die zur Realisierung der Prinzipien "TQM" oder "Kundenorientierung" notwendig sind:

- Vernetztes Denken[4] und Handeln über den "Tellerrand" des eigenen Fachgebiets hinaus, betriebswirtschaftliches Denken auch in gewerblich-technischen Berufen, technisches Know-how auch in kaufmännischen Berufen;

- Identifikation mit dem Unternehmensleitbild und der Unternehmenskultur, zugleich Flexibilität und Sensibilität im Umgang mit anderen Kulturen;
- Verantwortungsbereitschaft;
- Zusammenhangskenntnisse, Überblick;
- Fähigkeit, in berufs- und bereichsübergreifenden (Projekt-)Teams zu arbeiten, Gestaltung von Problemlösungs- und Entscheidungsprozessen im Team;
- Arbeitsmethodisches Know-how (z.B. für effiziente Gestaltung von Abläufen und Prozessen), eigenverantwortliches Handeln in unterschiedlichen Formen der Arbeitsorganisation realisieren;
- Qualitäts-, Kosten- und Umwelt-, und heute auch - Wertschöpfungsbewusstsein in allen Bereichen;
- Kommunikationsfähigkeit und aktives Informationsverhalten;
- Einfühlungsvermögen, Orientierung an den Bedürfnissen und Erwartungen der internen und externen Kunden
- Umgang mit sich verändernden Teamstrukturen und unterschiedlichen, dezentralen Formen der Arbeitsorganisation.

Aus diesen Anforderungen ergeben sich gravierende Konsequenzen für die Struktur und Organisation eines modernen, betrieblichen Ausbildungssystems. Neue, didaktische Gestaltungs- und Organisationselemente müssen im "System Ausbildung" (als erster Stufe betrieblicher Personalentwicklung) die organisationsbezogenen Veränderungs- und Entwicklungsprozesse aufgreifen und damit das entsprechende Erleben und Erlernen ermöglichen. Nur so ist gewährleistet, dass Ausbildung sowohl als "Dienstleister" für den Betrieb, als auch als "Dienstleister" für ihre "internen Kunden", die Auszubildenden, fungiert - und damit einen Stellenwert als konstitutiver Faktor eines Unternehmens auf dem Hintergrund neuer Unternehmenskonzepte und -strategien gewinnt (behält!).

Im Interesse beider "Kunden" kann sie sich heute und in Zukunft z.B. nicht mehr darauf beschränken, lediglich die fachbezogenen Fertigkeiten und Kenntnisse des jeweiligen Grundberufs auszubilden. Wie viele neu entstehende Berufsrichtungen oder Stellenausschreibungen ("Wirtschaftsingenieur"; "kaufmännisch versierter Techniker"; "technisch versierter Betriebswirt") erkennen lassen, ist eine fachliche Grundqualifizierung, gleichgültig, ob sie im kaufmännischen oder im gewerblich-technischen Bereich stattfindet, immer weniger ohne "berufsübergreifende Handlungskompetenzen" [5] denkbar. Dazu gehören unter anderem Fähigkeiten und

Kenntnisse, die die Arbeitenden in die Lage versetzen, je nach Bedarf auch bereichs- und fachübergreifende Aufgaben wahrzunehmen, bspw. in Projektteams.

Fachübergreifende und berufsübergreifende Handlungskompetenzen der Mitarbeiter stellen bei einem Unternehmen, das internationale Märkte beliefert und auf Kundenanforderungen schnell, flexibel und kreativ reagieren muss, einen bedeutsamen Wettbewerbsfaktor dar. Eine Berufsausbildung, die die für diese Konzepte erforderlichen Qualifikationen ausbilden will, darf sich nicht auf die herkömmliche, starre Arbeitsteilung zwischen den unterschiedlichen Ausbildungsberufen und Lernorten beschränken. Wenn sie sich als eine der ersten Stufen betrieblicher Personalentwicklung versteht, muss sie zumindest im Keim jene Elemente enthalten, die die Prozesse und Abläufe der Organisation, ihre Struktur und ihre Führungskultur prägen.

Aus der Perspektive des betrieblichen Ausbildungssystems wurden mit dem Modellversuch erste Schritte in eigene, flexiblere und "lernende" Organisationsformen gegangen und zwei zentrale Grundgedanken konsequent weiterentwickelt: das dezentrale Lernen und die Rolle der Ausbildung als Dienstleister. Übergreifende, flexible Ausbildungskonzepte, selbständig durchgeführte Arbeits- und Lernprojekte zwischen den verschiedenen Ausbildungsgruppen, Erfahrungen mit verschiedenen Führungs- und Arbeitsorganisationsmodellen, dezentral operierenden Einheiten usw. sollten schon in dieser ersten Phase der betrieblichen Personalentwicklung geschaffen, bzw. ermöglicht werden.

Um besonders auf die Ausbildungssituation kleinerer und mittlerer Unternehmen eingehen zu können, wurde dieser Modellversuch in vier Durchläufen in Unternehmen verschiedener Betriebsgrößen durchgeführt und erprobt. Damit wurde die Übertragbarkeit dieses innovativen Konzepts auf die Bedingungen von Klein- und Mittelbetrieben überprüft.

Träger/Standorte

- Der erste Standort und der Träger des Modellversuchs war die Körber AG. Zur Körber AG gehören 20 selbständige Unternehmen des Spezialmaschinenbaus. Die Körber AG ist der weltweit einzige Anbieter von Komplettsystemen für die Genussmittelindustrie. Standort für den ersten Durchlauf des Modellversuchs war die HAUNI Maschinenbau AG, das Stammhaus der Körber AG. Zum Zeitpunkt des Modellversuchs wurden etwa 190 Auszubildende in den unterschiedlichsten Berufsrichtungen ausgebildet.

- Der zweite Standort ist Spezialist des Maschinen- und Anlagenbaus für die Herstellung rationell herstellbarer und qualitativ hochwertiger Verbrauchsgüter aus dem Papier- und Schreibwarensektor. Zum Zeitpunkt des Modellversuchs wurden dort ca. 40 Auszubildende ausgebildet.

- Am dritten Standort werden Pumpen gefertigt. Das Unternehmen hatte zum Zeitpunkt des Modellversuchs 3 Auszubildende im kaufmännischen und im gewerblich-technischen Bereich.

- Die Firma des vierten Standorts fertigt Produkte zum manuellen und computergestützten Zeichnen und Schreiben. Zur Zeit des Modellversuchs wurden dort ca. 30 Auszubildende in gewerblich-technischen und kaufmännischen Berufen ausgebildet.

Die Lernorganisation im Modellversuch: Neue Lernortkombinationen und Lernsituationen

Das Konzept des Modellversuchs ging von der Prämisse aus, dass heute schon im Rahmen der beruflichen Grundausbildung Erfahrungen mit unterschiedlichen Führungs- und Arbeitsorganisationsmodellen, wie z.B. Gruppenarbeit, und mit der Kooperation unterschiedlicher Berufsgruppen ermöglicht werden sollten. Individuelles Lernen sollte gezielt und systematisch mit Gruppenlernen und organisationsbezogenem Lernen gekoppelt werden. Der didaktische Ansatz orientierte sich an didaktischen Prinzipien des handlungsorientierten Lernens [6] und hier insbesondere des Projektlernens.

Folgende Ziele standen im Vordergrund:

- Erwerb berufsübergreifender Kenntnisse und Kompetenzen, und dabei insbesondere Kenntnisse über die organisatorischen Zusammenhänge, Inhalte und Verfahrensweisen und die "Kultur" der unterschiedlichen Berufsgruppen;
- Erwerb von Zusammenhangswissen über das Zusammenspiel des eigenen Berufs mit anderen Berufsgruppen, Überblick über die Schnittstellen zwischen den Berufsgruppen
- Erfahrungen mit den Interdependenzen, Kooperationsanforderungen

und Kommunikationsabläufen zwischen den unterschiedlichen Berufen gewinnen;

- Erweiterung der personalen und sozialen Fähigkeiten: Organisationsbezogene Gestaltungskompetenz, Verantwortung, Selbständigkeit, Teamfähigkeit, Arbeitsmethodik, Planungs- und Strukturierungsfähigkeiten sollen durch entsprechende praxisbezogene (Heraus-)Forderungen angewendet und eingeübt werden;
- Erfahrungen mit unterschiedlichen Formen der Arbeitsorganisation, mit Team- und Gruppenarbeit gewinnen;
- Projektaufgaben selbständig und eigenverantwortlich durchführen, steuern und kontrollieren;
- Qualitäts-, Kosten- und Umweltbewusstsein entwickeln.

Zentrale didaktische Elemente:

1. Durchdringung der bisher in der Ausbildung überwiegend getrennten kaufmännischen und gewerblich-technischen Berufe in zwei Projektstufen, die sich durch steigende Anforderungen an handlungsorientiertes, selbstgesteuertes Lernen, und steigende, arbeitsorganisatorische Komplexität auszeichnen;

2. Lehr- und Lernformen, die den Auszubildenden helfen sollten, sich dem Fachgebiet möglichst selbständig zu nähern. Dazu wurden Begleittexte und neue Formen von betrieblichen Lehr-/Lernpartnerschaften genutzt.

1. Projektstufe im ersten Ausbildungsjahr - Das "Schraubstock-Projekt"

Kaufmännische und gewerblich-technische Auszubildende durchliefen im ersten Ausbildungsjahr eine vierwöchige Lern- und Arbeitsphase im jeweils anderen Berufsfeld, um Grundkenntnisse und Einblicke in die Anforderungen und die Kultur des jeweils anderen Berufs zu gewinnen. Dazu wurden die beiden bisher in der Regel getrennt ausgebildeten, kaufmännischen und gewerblich-technischen Berufsrichtungen in das Ausbildungssystem des jeweils anderen Berufs integriert.

Für die kaufmännischen Auszubildenden bedeutete dies das Absolvieren einer Ausbildungsphase in der gewerblich-technischen Ausbildungswerkstatt des Unternehmens und in den betrieblichen Produktionsbereichen. Sie fertigten während dieser Projektphase in der gewerblich-technischen Ausbildungswerkstatt einen Schraubstock mit Hilfe von Plänen und Begleittexten und durchliefen anschließend einige Arbeitsplätze in der Produktion. In dieser Phase konnten z. B. Grundlagen der Metallbearbeitung kennen gelernt werden, um die beruflichen Anforderungen an gewerblich-technische Berufsgruppen und die Einsatzmöglichkeiten und den Wirkungsgrad der in diesem Bereich verwendeten Materialien, Werkzeuge und Verfahren besser einschätzen zu können.

Die gewerblich-technischen Auszubildenden durchliefen in der gleichen Zeit einige kaufmännische Fachabteilungen und bearbeiteten - neben den dort real anfallenden Aufgabenstellungen - die kaufmännischen Aspekte des Schraubstock-Projekts: Kostenberechnungen, Bestellungen, Angebotserstellung usw. Für sie erweiterte sich der "Lernort Betrieb" mit den für ihren Beruf "klassischen" Versetzungsstellen in der Produktion, um zusätzliche Lernfelder in anderen als den angestrebten Ausbildungsberufen. Dafür eignete sich zum Beispiel auch der Bereich "Materialeinkauf", da dieser einen Einblick in die firmeninterne Material- und Werkzeugdisposition und einen Überblick über ökonomische und ökologische Fragestellungen ermöglichte.

Didaktische Aspekte zur ersten Projektstufe:

Die Auszubildenden sollten die Möglichkeit erhalten, ein besseres Verständnis und grundlegende Erfahrungen mit den Anforderungen der jeweils anderen Berufe zu gewinnen. Schwerpunktmäßig sollte es dabei nicht darauf ankommen, sich mit allen Einzelheiten der jeweils zur Anwendung gelangenden Fachtheorie vertraut zu machen, sondern darauf, einen breiten Überblick über die jeweiligen organisatorischen, dispositionellen und qualifikatorischen Zusammenhänge sowie die Inhalte und Verfahrensweisen der unterschiedlichen Berufsgruppen zu gewinnen. Erste Erfahrungen mit den Schnittstellen zwischen den Berufsbereichen und den Anforderungen und Notwendigkeiten berufsübergreifender Kommunikation sollten ermöglicht werden. Die jeweiligen neuen Kenntnisse und Erfahrungen sollten möglichst selbstgesteuert, in einem Arbeitsteam und unterstützt durch Begleittexte erarbeitet werden. Die wechselseitige Information über die Erfahrungen in den jeweiligen Berufsfeldern sollten zugleich ein "Lernen durch Lehren" ermöglichen. D.h. eigene Lern-Erfahrungen sollten durch deren Weitervermittlung und Kommunikation verfestigt und überprüft werden. Neben der Erweiterung der berufsübergreifenden Kompetenzen wurden also auch persönlichkeitsbezogene Ziele - in der selbständigen Erschließung eines fremden Aufgabengebiets, der Systematisierung und Aufbereitung von Lernerfahrungen und der Zusammenarbeit im Team - verfolgt.

2. Projektstufe im zweiten Ausbildungsjahr - das "Instandhaltungsprojekt"

In der zweiten Modellversuchsphase erfolgte die gemeinsame, berufsübergreifende Planung, Durchführung, Kalkulation und Dokumentation eines betrieblichen Auftrags. Anhand eines komplexen Instandhaltungsauftrags im Betrieb, der von beiden Ausbildungsberufsgruppen gemeinsam zu bewältigen war, konnten die Auszubildenden den Zusammenhang von Arbeitstätigkeit und Arbeitsorganisation praktisch erfahren. Im Rahmen des gemeinsamen Projekts erfolgte der jeweilige Arbeitseinsatz nun - im Unterschied zur ersten Phase - orientiert an der Fachlichkeit des persönlich gewählten Ausbildungsberufs und in Kooperation mit den anderen beteiligten Berufsgruppen. Während die gewerblich-technischen Auszubildenden zwei defekte Maschinen (je eine konventionelle Dreh- und Fräsmaschine) warteten und instand setzten, errechneten die kaufmännischen Auszubildenden die Kosten für die Instandhaltungsarbeit (Arbeitsstunden, Telefonkosten, Lieferkosten, Materialkosten), führten Bestell- und Buchungsvorgänge durch und fällten die dazu notwendigen *make-or-buy-Entscheidungen.*

Didaktisch gesehen wurden damit alle Anforderungen erfüllt, die der klassische Projektgedanke enthält:

- Eine konkrete, betriebliche Aufgabe ist soweit wie möglich eigenverantwortlich, fach- und qualitätsgerecht im Team durchzuführen;
- Die Arbeit muss selbständig durchgeführt, die Rollenverteilung im Team geregelt werden;
- Der Prozess der Zusammenarbeit muss eigenständig organisiert, fachliche Arbeitsschritte und der Teamprozess müssen kontinuierlich ausgewertet bzw. reflektiert werden;
- Kunden sind der Betriebsbereich und das Anlagenpersonal, für die der Auftrag durchgeführt wird;
- Der Arbeitsauftrag erfordert die Kooperation mit betrieblichen Facharbeitern bzw. kaufmännischen Sachbearbeitern unter realitätsnahen Rahmenbedingungen;
- Mit verschiedenen Unternehmensbereichen, Ersatzteil-Lieferanten usw. muss Kontakt aufgenommen, telefoniert und verhandelt werden;
- Zur Kostenerfassung sind die einzelnen Arbeitsschritte zu analysieren

und zu dokumentieren;

- Das Team besteht aus "Experten", die im Rahmen der gemeinsamen Aufgabe ihre Fachkompetenz einbringen;
- Durch die Kombination von Informationsgewinnung (Pläne, Arbeitsunterlagen, Gespräche mit Werkern usw.) mit der Umsetzung in praktische Instandhaltungsarbeit und der anschließenden Aufarbeitung und Dokumentation der praktischen Arbeitserfahrungen ergibt sich ein direkter Theorie-Praxis-Bezug, der immer wieder aus der Sache heraus reflektiert, korrigiert und neugefasst werden muss;
- Wichtige organisationsbezogene Aspekte und Rahmenbedingungen müssen mit bearbeitet und bedacht werden; so sind z.B. die ökonomischen und ökologischen Aspekte des Auftrags integriert mit der fachlichen Auftragserledigung zu bewältigen;
- Verknüpfung von Arbeiten und Lernen durch eine systematische Auswertung der Arbeitserfahrungen im Team.

Ein weiteres didaktisches Element betraf die Verknüpfung von Arbeits- und Lernprozessen: Wie in modernen Unternehmenskonzepten üblich, führten die Auszubildenden regelmäßige Arbeitsbesprechungen durch, in denen die Lern- und Arbeitserfahrungen kommuniziert und ausgewertet wurden.

Neben dem Austausch beider Berufsgruppen über ihren Arbeitsstand und die jeweiligen Arbeitsergebnisse erfolgte hier die Reflektion des eigenen Lernprozesses, die Planung der weiteren Arbeitschritte und die gemeinsame Kontrolle und Überprüfung des Arbeitsfortschritts. Diese Gespräche wurden von älteren Ausbildungskollegen moderiert, die die Rolle von "Paten" übernahmen. Die Auszubildenden dokumentierten die einzelnen Arbeitsergebnisse, Kontrollschritte und Planungsüberlegungen anhand von Visualisierungsmedien (Folien, Metaplantechnik), mit deren Hilfe sie zugleich eine abschließende Projektpräsentation vorbereiteten.

Nutzung ergänzender Lernsituationen

Die Erarbeitung einer Präsentation für Betriebsangehörige, Ausbilder, Führungskräfte und geladene Gäste jeweils zum Abschluss der beiden Phasen bedeutete gewissermaßen ein "Projekt im Projekt". Mit dieser ergänzenden Lernsituation sollte eine rückschauende Intensivierung des Gelernten ermöglicht werden. Die Präsentation erforderte die Systematisierung, Aufbereitung und Reflektion der Projekterfahrungen und nutzte damit die Vorteile des "Lernens durch Lehren", stellte aber zugleich noch einmal hohe Anforderungen an die Arbeitsorganisation und Kooperationsfähigkeit im Team und an das individuelle und gemeinsame Verbalisierungs- und Darstellungsvermögen.

Erkundungsaufträge in Organisations- und Umweltfragen

Ein wichtiger Grundgedanke des Projekts bestand darin, dass zu den berufsübergreifenden Qualifikationen und Kenntnissen verstärkt auch Inhalte gehörten, die das Unternehmen als Ganzes betreffen. Dazu gehören Aspekte der Organisation, wie z.B. Kenntnisse über das Zusammenspiel der Abteilungen, die bestehenden Kommunikationsstrukturen, die betriebswirtschaftlichen Aspekte des Unternehmens und der verschiedenen Arbeitsbereiche, aber auch Kenntnisse über das Unternehmen betreffende Umweltfragen und -themen. Aus diesem Grund erhielten die Auszubildenden auch in dieser Phase gezielte Erkundungsaufträge zu diesen Themen. Um die Umweltfragen in der Produktion kennen zu lernen, besuchten die kaufmännischen Auszubildenden die Abteilung Ver- und Entsorgung, ermittelten dort die jeweiligen Kosten für Ver- und Entsorgung von z.B. Kühl- und Schmierstoffen, übertrugen die ermittelten Zahlen auf die Anforderungen im Projekt und erstellten auf diese Weise eine einfache, erste "Ökobilanz", die sie ihren gewerblich technischen Ausbildungskollegen mitteilten und mit ihnen diskutierten.

Unterschiedliche Lern-/Lehrkonstellationen, die das selbständige Lernen unterstützen

In beiden Projektphasen sollte anhand der zu bearbeitenden Aufgabenstellungen in einem hohen Maß selbständig gearbeitet werden. Die hauptberuflichen Ausbilder übernahmen die Aufgabe von "Prozessbegleitern", während die Betreuung vor Ort durch die nebenberuflichen Ausbilder (bspw. in den kaufmännischen Fachabteilungen durch die jeweiligen Sachbearbeiter oder im Instandhaltungsbereich durch einen betrieblichen Instandhalter) erfolgte. Die Auszubildenden wurden in beiden Phasen von sog. "Paten" - Auszubildenden höherer Jahrgänge - begleitet, beraten und betreut.. Diese Patenrolle sollte dazu beitragen, die hauptberuflichen Ausbilder als Ansprechpartner in fachlichen Fragen zu entlasten und die Selbststeuerungsprozesse im Team zu unterstützen. Die Paten erhielten dadurch zugleich die Gelegenheit, das eigene fachliche Know-how durch Vermittlung zu festigen und zu überprüfen.

Die Verknüpfung unterschiedlicher Lernorte

Die Verknüpfung von dezentralem Lernen vor Ort und dessen systematisch-theoretischer Vor- und Nachbereitung erfolgte durch einen ständigen Lernortwechsel: In der ersten Projektstufe wurden die Produktionseinsätze der kaufmännischen Auszubildenden in der Ausbildungswerkstatt vorbereitet. Die kaufmännischen Auszubildenden absolvierten in dieser Zeit unter anderem eine Phase im Büro der technischen Zeichner, in der sie lernten, Zeichnungen zu lesen. Die gemeinsamen Auswertungsgespräche erfolgten in einem ruhig gelegenen "Container", einem mit modernster Technik ausgestatteten Lernstudio. Die Auswertung und Aufbereitung der Erfahrungen, die Planung neuer Arbeits- und Kontrollschritte wurde durch dort gegebene, räumliche und technische Ausstattung unterstützt. Dort standen Moderations- und Visualisierungsmedien zur Verfügung, mit deren Hilfe die Auszubildenden gegen Ende der Projektphase eine abschließende Präsentation erarbeiten können. Während der zweiten Projektstufe wurde für die gemeinsamen Arbeitsbesprechungen das Büro der Instandhaltung - gleichzeitig "Standort" der kaufmännischen Auszubildenden - genutzt.

Als weitere Besonderheit, die zunächst aus Platzgründen notwendig wurde, verbrachten die gewerblich-technischen Auszubildenden während der ersten Projektphase eine gewisse Zeit in der Einkaufsabteilung eines benachbarten Maschinenbauunternehmens. Dadurch konnte die Arbeitspraxis und die Unternehmenskultur eines anderen Betriebs kennen gelernt werden.

Die Bereitstellung unterschiedlicher Arbeits- und Lernarrangements in der Verknüpfung individuellen Lernens mit Gruppenlernen

Das oben geschilderte, didaktische Konzept ermöglichte unterschiedliche Lern- und Arbeitserfahrungen. Individuelles Lernen in der ersten Projektstufe diente zunächst dem fachbezogenen Erlernen von Grundfertigkeiten und -kenntnissen. In der zweiten Projektstufe wurden weitere fachübergreifende, individuelle Lernprozesse ermöglicht, die sich auf das eigene Verhalten im Team, in den Auswertungs- und Planungsgesprächen und in den Präsentationen bezogen. Hier wurden die Anforderungen gezielt und systematisch in Richtung "Gruppenlernen" gesteigert: Es galt, als Gruppe einen Auftrag abzuwickeln, für die Gruppe Funktionen zu übernehmen (individuelle Einzelaufträge), und gemeinsam den Gruppenprozess zu reflektieren und zu steuern. War es hier noch möglich, den Gruppenauftrag überwiegend aus der eigenen Fachlichkeit heraus zu bewältigen, kamen im didaktisch gezielt eingesetzten Mittel einer Präsentation völlig neue Anforderungen auf alle Auszubildenden zu. Eine methodisch-fachliche, noch nicht gekonnte, für alle unbekannte Situation musste durch die Gruppe gemeistert werden.

Übersicht über das Konzept

Ausbildungsarrangement während der ersten Projektstufe:

Schwerpunkt: Selbständige Bearbeitung eines möglichst realen und vollständigen Arbeitsauftrags in einem anderen, als dem eigenen Berufsfeld
Ziel: Grundkenntnisse und Grundfertigkeiten erwerben und Einblicke in das Wesen und die Kultur des jeweils anderen Berufs gewinnen
Medium: Realaufgaben und Übungsprojekt
Methode: Selbstgesteuertes Lernen anhand von Begleittexten und unterstützt durch Paten
Evaluation: Selbstevaluation durch eine Präsentation
Organisation: Individuelles Lernen in einer Lerngruppe, Ausbilder als "Vorgesetzter" (Projektauftrag); Lerngruppe als Organisationseinheit; "Paten" als Lernberater

Ausbildungsarrangement während der zweiten Projektstufe:

Schwerpunkt: Bearbeitung eines realen Projekts als ganzheitliche Lernsituation
Ziel: Berufsübergreifende Kooperationsfähigkeiten üben, organisationsbezogenes und unternehmenskulturelles Lernen
Medium: Betrieblicher Auftrag, durch Markt- bzw. Kundenbedarf ausgelöst
Methode: Projektlernen, Auswertungsgespräche, Präsentation und Dokumentation
Evaluation: Selbstevaluation durch eine Präsentation
Organisation: Ausbilder als Auftragsverantwortlicher, Betriebsmeister als Vorgesetzter vor Ort; Betriebsabteilung als Umfeld; Projektteam als Organisationseinheit, "Paten" als Lernberater

Durch dieses pädagogische Arrangement wurde eine bewusste, stufenweise Steigerung im didaktischen Anspruch angestrebt:

- Durchführung von Übungsaufgaben in einer arrangierten Sondersituation in einem berufsfremden Arbeitsgebiet;

- Auswertung der Arbeits- und Lernerfahrungen in der Gruppe
- Bewältigung realer, komplexer Arbeitsaufträge im Betrieb durch ein fachübergreifend zusammengesetztes Team;
- Präsentation der Arbeitsergebnisse, der Vorgehensweise und der Arbeits- und Lernerfahrungen vor Ausbildern und Auszubildenden, Angehörigen des Unternehmens und der Unternehmensleitung, sowie externen Gästen.

Zur Bedeutung der Projektinhalte

In der ersten Projektstufe stand die Herstellung eines Schraubstocks im Mittelpunkt. Ein Schraubstock war aus dem Grund ausgewählt worden, weil hier im Rahmen der zur Verfügung stehenden Zeit eine ganze Palette von Grundfertigkeiten der Metallbearbeitung (Zeichnung lesen, bohren, fräsen, feilen usw.) ohne lange Vorübungen komprimiert vermittelt und an einem realen Auftrag erübt werden konnten (Orientierung an Bestandteilen des Ausbildungsrahmenplans).

Für die Durchführung eines Instandhaltungsprojekts in der zweiten Projektstufe sprach, dass im Instandhaltungsbereich ein komplexer Funktionszusammenhang von Diagnose, Wartung und Reparatur von Anlagen und Maschinen kennen gelernt werden kann, der heute in den Unternehmen eine ganz neue Bedeutung erlangt (Orientierung an Anforderungen des Unternehmens und des "Marktes"). Der Anteil an Instandhaltungsinvestitionen spielt bei den Produktionskosten eine große Rolle. Neben den technischen Aspekten der Arbeit konnten hier also auch die kaufmännischen Aspekte sehr gut kennen gelernt werden. Allerdings orientierte man sich in dieser Projektstufe zunächst vor allen Dingen an der "Machbarkeit" des Projekts. Es lag ein realer betrieblicher Auftrag vor; die beiden instand zu setzenden Maschinen wurden nicht unmittelbar in der Produktion benötigt und an der Ausbildung interessierte Instandhalter waren für eine Betreuung vor Ort bereit.

Aber auch aus vielen weiteren Gründen erwies sich der Instandhaltungsbereich (oder in den anderen Unternehmen ein komplexer Wartungs- und Reparaturauftrag) für ein berufsübergreifendes Ausbildungsprojekt als besonders geeignet:

- Es wird die gesamte Palette der Fähigkeiten für die Metall- und Elektroberufe gefordert;

- Dieser Bereich kann evtl., je nach Gegebenheiten und Planung, aus dem unmittelbaren Zeit- und Termindruck der Produktion abgekoppelt werden und bietet dann einen idealen, betrieblichen Einsatzort;
- Gerade in diesem Einsatzbereich wird die Notwendigkeit zur Kooperation der verschiedenen Berufsgruppen besonders deutlich und für Auszubildende aus dem Sachzusammenhang unmittelbar erfahrbar;
- Eine Schnittstellenoptimierung zwischen dem gewerblich-technischen und dem kaufmännischen Bereich erweist sich hier aus Gründen einer systematischen Qualitätssicherung mehr und mehr als notwendig;
- Die Kooperation mit dem betrieblichen Anlagenpersonal kann bei den beteiligten Berufsgruppen wichtige Erfahrungen darüber vermitteln, was interne "Dienstleistung" bedeutet, gleichzeitig werden die Dienstleistungsbeziehungen zwischen kaufmännischen und gewerblich-technischen Berufsgruppen transparent;
- Um den Instandhaltungsbereich herum lassen sich außerdem eine Fülle von Erkundungsaufträgen stellen, z.B. was Ver- und Entsorgung anbetrifft, die beteiligten kaufmännischen Fachabteilungen, Materialwirtschaft, Arbeitsvorbereitung usw.
- Im Instandhaltungsbereich kann die "Firmenphilosophie" in Bezug auf die Umwelt-, Personal- und Unternehmenspolitik unmittelbar erlebt und erfahren werden: Welche Instandhaltungstätigkeiten werden z.B. durch externe Firmen erledigt und mit welcher Begründung? Wie geschieht die Ver- und Entsorgung an den Anlagen und welche Kosten entstehen hier?
- Die immer wichtiger werdenden Umweltschutzaspekte können ebenfalls in diesem Bereich (im Unterschied zu vielen anderen Unternehmensbereichen) sehr gut kennen gelernt werden. Umweltaspekte spielen z.B. in der Ver- und Entsorgung, in Fragen von "make or buy", bei Bestellungen und den dabei gewählten Lieferwegen, den verwendeten Materialien (in Abwägung unterschiedlicher Kostenaspekte) und bei den zunächst reinen ökonomischen Fragen eine Rolle: "Lohnt es sich, zu reparieren?" "Sollte man die Maschine gebraucht verkaufen oder besser kostengünstig und umweltschonend entsorgen?"

Was kann ein solches Konzept für die betriebliche Personalentwicklung leisten?

"Personalentwicklung" bei den beteiligten Ausbilderinnen und Ausbildern

Ausbildung kann unter der in diesem Projekt verfolgten Zielsetzung nicht mehr als eine Aufgabe gesehen werden, die die Ausbildungswerkstatt für den Betrieb erledigt. Die produktionsnahe Ausbildung erfordert Arbeitsstrukturen zwischen ausbildenden Fachkräften und hauptberuflichen Ausbildern, die über die bisher üblichen Kooperations- und Kommunikationsformen hinausgehen.

Wie die Erfahrungen mit der Durchführung dieses Modellversuchs zeigten, erfordert ein solches Konzept der Verknüpfung und Vernetzung der Lernorte eine intensive Kooperation aller Beteiligter. Durch die berufsübergreifende Kooperation entstehen kollegiale Qualifizierungsprozesse, bildet sich berufsfeldübergreifendes Know-how. Dies betrifft vor allem Aspekte des "Organisationslernens."[7]

Im Rahmen der Durchführung dieses Konzepts haben sich die beteiligten Ausbilder und Ausbilderinnen intensiver als je zuvor mit den Auswirkungen neuer Unternehmenskonzepte und deren Zusammenhängen mit Qualifizierungsprozessen auseinandergesetzt. Berufs- und bereichsübergreifende Kommunikationsstrukturen wurden entwickelt. Der Gedanke, dass Ausbildung "Dienstleistung" für das Unternehmen und die Personalentwicklung bedeutet, hat sich bei den Beteiligten im Rahmen des Projekts immer mehr durchgesetzt. Die Konsequenzen für den eigenen Arbeitsauftrag - denn dazu ist es ja notwendig, über die Entwicklungen im Unternehmen, den fachlichen, und berufsübergreifenden Qualifizierungsbedarf ständig auf dem Laufenden zu sein - wurden vielen Ausbildern und Ausbilderinnen bewusst. "Personalentwicklung" hat im Rahmen dieses Projekts nicht nur bei den Auszubildenden, sondern auch bei den beteiligten hauptamtlichen Ausbildern und bei den betrieblichen Ausbildungsbeauftragten stattgefunden.[8]

- Als wichtiges Qualifizierungselement hat sich die gemeinsame inhaltliche und organisatorische Vorbereitung der beiden Projektstufen durch die gewerblich-technischen und kaufmännischen, haupt- und nebenberuflichen Ausbilder erwiesen. Am ersten Modellversuchs-Standort beinhaltete die Vorbereitung des Instandhaltungsprojekts z. B. eine zweitägige, kollegiale Einarbeitung in die Abläufe und Vorgehensweisen der

Instandhaltung, in Umweltschutzaspekte und die betriebliche "Instandhaltungsphilosophie". Diese Vorbereitungsphase wurde von beiden Ausbildergruppen als eigene, intensive Weiterbildung bezeichnet.

- Die Kooperationserfordernisse zwischen allen Beteiligten unterschiedlicher Ausbildungsfachrichtungen, sowie die dazu erforderliche Vernetzung und unbürokratische Kommunikation wirkte sich auf die fach- und berufsfeldübergreifenden Qualifikationen der Ausbilder und Ausbildungsbetreuer aus, ohne ausdrücklich als Qualifizierungsmaßnahme benannt zu werden.

- Die hauptberuflichen Ausbilder erklärten übereinstimmend, dass sie wichtige Einblicke in die Veränderungen der Technik und die Anforderungen und Abläufe der Produktion - am Beispiel des Instandhaltungsbereichs - gewonnen hätten, die sie als wichtige, eigene Weiterbildung in bezug auf neue Entwicklungen und Veränderungen in der Arbeitswelt betrachteten.

- Die Instandhalter, die auch als nebenberufliche Ausbilder fungierten, erlebten diese Vorbereitungsphase nach ihren Schilderungen als intensive Weiterbildung in Bezug auf neue Ausbildungsmethoden und die Erarbeitung einer veränderten, pädagogisch begleitenden Ausbilderrolle.

- Pädagogische Kompetenzen von nebenberuflichen Ausbildern (Ausbildungsbetreuern) können im Rahmen dieser an verschiedenen betrieblichen Einsatzorten angesiedelten Projekte erkannt werden und daraufhin kann ein systematischer Aufbau von "Ausbildungskompetenz" oder auch "Führungskompetenz" bei diesen Personen erfolgen.

- Alle beteiligten, pädagogisch-beratenden oder steuernd tätigen Personen haben im Rahmen eines solchen Projekts die Chance, ihr organisationsbezogenes Know-how, ihre Kommunikations- und Kooperationsfähigkeiten und ihre Führungskompetenzen zu erweitern. Wird dies zwischen Ausbildung und Personalentwicklung kommuniziert, kann aus diesem "Pool" auch für zu besetzende Führungspositionen oder eine gezielte Weiterqualifizierung geschöpft werden. Dies betrifft auch die Rolle der "Paten" in einem solchen Konzept.

"Personalentwicklung" bei den beteiligten Auszubildenden

- Gerade die Durchführung von Real-Projekten hat sich nach Einschätzung vieler Ausbilder als ein ausgezeichnetes Mittel erwiesen, um den Qualifikationsstand und die Entwicklungspotentiale von Auszubildenden einschätzen zu können. Auf dieser Basis sei es möglich, gezielt individuelle Fördermaßnahmen einzuleiten. Der hohe Stellenwert, der Projektarbeit in der Personalentwicklung für Führungskräfte[9] beigemessen wird, erweist sich damit schon in der Ausbildung - als einer wichtigen, frühen Stufe betrieblicher Personalentwicklung - von Bedeutung.

- In Kooperation mit der betrieblichen Weiterbildung oder einer "Stabsabteilung Personalentwicklung" kann ein solches Ausbildungsmodell aber auch wichtige Bausteine in einem umfassender gedachten Personalentwicklungskonzept bieten.[10]

- Projekte bieten ausgezeichnete Chancen der Potentialermittlung. Die besonderen Fähigkeiten und Stärken, aber auch der individuelle Förderungsbedarf bestimmter Auszubildender kann im Rahmen von Ausbildungsprojekten besser diagnostiziert werden als im Ausbildungsalltag. Diese Erkenntnisse können zur systematischen, weiteren Förderung der zukünftigen Nachwuchskräfte im Unternehmen oder für bestimmte Aufgaben im Unternehmen genutzt werden. Eine weitergehende Förderung im Sinne des Mitarbeiters und des Unternehmens kann - im Anschluss an die Erfahrungen mit einem solchen Projekt und evtl. erst nach Abschluss der Ausbildung - auch einen Wechsel vom gewerblich-technischen Bereich in den kaufmännischen Bereich - oder umgekehrt - bedeuten!

- Ausbildungsprojekte ermöglichen eine Selbsteinschätzung der Auszubildenden über ihr eigenes Verhalten in offenen, unplanbaren, und komplexen Situationen im Team. Die eigene Bereitschaft, mehr für diese Situationen zu lernen - und sich aus eigener Initiative gezielt weiterentwickeln zu wollen - kann aufgrund dieser Erfahrungen geweckt werden[11] .

Notwendige Qualifizierungsmaßnahmen und organisatorische Rahmenbedingungen:

Team- und Gruppenarbeit in die Ausbildung zu integrieren, macht es notwendig, nicht mehr einzelne Auszubildende, sondern ganze Gruppen zu "steuern". Der pädagogische Umgang mit Gruppen setzt Kompetenzen in Gesprächsführung und Feedback, in Moderation von Gruppen- und Arbeitsprozessen, im Umgang mit Konflikten, im Erkennen gruppendynamischer Teamkonstellationen voraus. Pädagogisch-psychologisches und kommunikatives Know-how werden notwendig.

- Notwendig wird eine intensive Arbeit am eigenen Auftreten und Rollenverständnis. Dies erfordert eine aufgabenbezogene Vorbereitung und Begleitung der haupt- und nebenberuflichen Ausbilder und Ausbilderinnen, bspw. in Form eines Rollencoaching. Theoretische Methodenkenntnisse über neue Ausbildungsmethoden reichen dazu nicht aus.

- Für die Durchführung von Ausbildungsprojekten sind besondere ausbildungsmethodische Kompetenzen notwendig. In der Startphase dieses Modellprojekts fand daher eine Methodenschulung für die hauptberuflichen Ausbilder und Ausbilderinnen und Ausbilder des Unternehmens (gewerblich-technische und kaufmännische Berufsgruppen gemeinsam) statt.

- Während der Durchführung der zweiten Projektphase hat sich außerdem herausgestellt, dass zur Vorbereitung neuer Projekte eine gezielte Schulung zur Projektbegleitung und Projektberatung für die beteiligten, hauptberuflichen Ausbilder erfolgen musste. Diese Schulung vermittelte schwerpunktmäßig Grundkenntnisse des Projektmanagements z.B. in der Frage, wie Projektaufträge "richtig" ausgewählt, formuliert, begleitet, kontrolliert und ausgewertet werden müssen. Die Auswahl "echter" Projektaufgaben und ihr Zuschnitt auf die Fähigkeiten der Auszubildenden wird erst auf dem Hintergrund entsprechender Kenntnisse möglich.

- Weiter hat sich herausgestellt, dass sowohl die hauptamtlichen Ausbilder, als auch die beteiligten nebenamtlichen Ausbildungsbetreuer (vergleichbar Führungskräften in neuen Unternehmenskonzepten) im Rahmen eines solchen Konzepts verstärkte Kompetenzen zur Teamleitung und zur "Steuerung, Führung und Beratung von Gruppen" benötigen. Dies betrifft vor allem Aspekte der Gesprächsführung (Auswertungsgespräche mit Gruppen führen, Feedback für Einzelne geben), Motivierung und Konfliktbewältigung.

- Da ein solches Konzept der Verknüpfung und Vernetzung der Lernorte eine intensive Kooperation des Ausbildungspersonals erfordert, erweist sich die angestrebte, flexible Lernort-Kooperation stark geprägt von der bestehenden Organisations- und Ausbildungskultur. So wird z.B. eine Kooperation zwischen den verschiedenen Beteiligten durch die herkömmliche, starke Trennung zwischen Produktion und Bildungssystem und zwischen den gewerblich-technischen und kaufmännischen Lernorten erschwert. Auch gravierende Unterschiede in der ausbildungsmethodischen Orientierung beider Berufsgruppen, die in der Praxis nicht selten anzutreffen sind, tangieren die Durchführung eines solchen Projektes erheblich und müssen in jedem Fall in vorbereitenden Schritten oder während seiner Durchführung bearbeitet werden. Ein gemeinsames "Ausbildungsleitbild" (Warum und Wozu), übereinstimmende Zielvorstellungen (Was und Wohin) und eine gemeinsame, ausbildungsmethodische Orientierung (Wie) müssen im Rahmen eines solchen Prozesses zwischen allen Beteiligten entwickelt werden.

- Betriebliche Partner - Betriebsleiter, Meister, Vorarbeiter, Ausbildungsbetreuer - müssen als "Betroffene" mit einem solchen Projekt einverstanden sein und es unterstützen, d.h., in einem solchen Prozess auch aktiv beteiligt werden. In dieser Hinsicht gleicht ein solches Projekt einem typischen Organisationsentwicklungsprozess, in dem - ausgehend von klaren Arbeitsabsprachen zu Beginn - ein gemeinsamer Entwicklungsprozess mit allen Beteiligten stattfinden muss. Die verschiedenen Rollen im Prozess müssen geklärt und definiert, Zuständigkeiten abgesprochen, auftretende Konflikte im Prozessverlauf bearbeitet werden. Unterstützend wirken für ein solches Projekt klare Orientierungen, die von der Unternehmens- und der Ausbildungsleitung ausgehen und deutlich machen, dass die angestrebten Veränderungen in der Ausbildung integrierte Bestandteile der angestrebten Unternehmensentwicklungen sind.

Die Erfahrungen mit der Durchführung dieses Modellversuchs zeigen, wie viel Gestaltungsspielraum in der Ausbildung besteht, wenn die traditionellen Abgrenzungen der Lernorte aufgehoben und die Grenzen der rein berufsfachlichen Ausbildungsorientierung überschritten werden. Ein Ausbildungssystem, das auf diese Weise zu lernen beginnt, wird für ein Unternehmen, das sich als *lernendes Unternehmen* in Veränderungsprozesse begibt, eine ebenso wichtige Voraussetzung bilden, wie eine Personalentwicklungsabteilung. Beide Bereiche haben zentralen Einfluss auf die Qualifizierung der Mitarbeiter. In der Ausbildung werden dazu wichtige Weichen gestellt. Wer schon in der Ausbildung gelernt hat, berufsübergreifend oder auch abteilungsübergreifend zu kooperieren und zu denken, eigene Lernprozesse in die Hand zu nehmen und diese zu reflektieren, wer zudem noch die Hintergründe kennt, weshalb dies immer wichtiger wird, kann aller Voraussicht nach im späteren Berufsleben leichter mit Herausforderungen und Veränderungen umgehen, als jemand, der in der Ausbildung lediglich die Prinzipien "fester Grenzen", "starrer Pläne", "isolierter Einzelarbeit", und "segmentierten Abteilungsdenkens" kennen gelernt hat. Das "lernende Unternehmen" tut gut daran, seine Personalentwicklung schon in der Ausbildung zu verankern.

Die "Lerninsel auf Zeit" - ein "schlankes" Modell zur Vermittlung fach- und berufsübergreifender Qualifikationen in der Aus- und Weiterbildung

Im Rahmen dieses Projekts und seiner vier Standorte sind variable Formen innovativer Ausbildungsmodelle erprobt worden - in einer "schlanken" Struktur, die einen kaum zusätzlichen Investitionsaufwand erfordert und sich dennoch im Lerngewinn als äußerst effizient für alle Beteiligten erwiesen hat. Man könnte ein solches Konzept als *flexible Lerninsel auf Zeit* bezeichnen - im Unterschied zu örtlich fixierten Lerninseln in Unternehmen, die zwar inhaltlich flexibel bleiben, aber nicht an verschiedensten Stellen in laufende Prozesse integriert werden können.

- Eine solche *Lerninsel auf Zeit*, je nach Auftragslage und Rahmenbedingungen an jeweils wechselnden Orten in der Produktion angesiedelt, kann wesentlich dazu beitragen, moderne Unternehmenskonzepte schon in der Ausbildung erleben zu lassen.

- Ausbildung wird durch ein solches Konzept zu einem bedeutsamen Faktor betrieblicher Personalentwicklung: Sie bietet als "Dienstleister" für alle weiteren Stufen und Maßnahmen erste Erfahrungen mit neuen Unternehmenskonzepten und ist flexibel genug, unterschiedlichste Formen der Arbeitsorganisation - mithilfe einer "lernenden Ausbildungsorganisation" - durchzuspielen und erleben zu lassen;

- Sie ermöglicht die gezielte Potentialerkennung bei den beteiligten Auszubildenden, auf deren Basis weitere Förderungsmaßnahmen im Unternehmen geplant werden können;

- Sie bietet Elemente der Personalentwicklung auch für die beteiligten haupt- und nebenberuflichen Ausbilder und für die "Paten", denn diese erweitern ihr Repertoire an Führungskompetenz und ihre Kompetenzen im Steuern von Gruppen. Diese Kompetenzen befähigen sie für weitere Fördermaßnahmen und die Übernahme von Führungsaufgaben in anderen Bereichen.

Die Berufsausbildung gewinnt in einem solchen Konzept eine wichtige Rolle als "Innovationsagent" für neue Unternehmensentwicklungen. Voraussetzung dafür, dass die hier bestehenden Chancen im Interesse aller Beteiligter und im Sinne des Unternehmens optimal genutzt werden, ist allerdings, dass das "Dienstleistungsangebot" der Ausbildung von den Personalabteilungen und von den Personalentwicklungsverantwortlichen genutzt wird. Aus- und Weiterbildung müssten als integrierte Bestandteile eines betrieblichen Gesamtkonzepts verstanden und gehandhabt werden: indem z.B. die weitere Förderung und Entwicklung der Auszubildenden nach Abschluss der Ausbildung ebenso systematisch betrieben würde, wie die Entwicklung von Führungsnachwuchs und indem die Qualifizierung der haupt- und nebenberuflichen Ausbilder für solche Konzepte und die Ausbildung ihrer "Führungs- und Organisationskompetenz" ebenso durch weitere Förderungsangebote honoriert würde, wie dies im Anschluss an fachlich-technische Qualifizierungsmaßnahmen geschieht.

Die am Modellversuch beteiligten Unternehmen sind, was entsprechende Verzahnungen der Aus- und Weiterbildung miteinander und ihre Vernetzung im Rahmen eines Gesamt-Personalentwicklungs-Konzepts anbetrifft, hier mittlerweile einige Schritte weiter als zu Beginn des Modellversuchs. Mit diesem wurde versucht, die Verbindung mit der Organisations- und Personalentwicklung im Betrieb zunächst "einseitig" aufzunehmen- oder "einzufädeln" - aus der Perspektive der Ausbildungsabteilung, die ihren innovativen Ausbildungsauftrag prospektiv wahrnahm und gestaltete.

Eine Vielzahl an partiellen Maßnahmen und Innovationen sind in vielen Unternehmen, die Schritte in eine eigene Organisationsentwicklung gehen wollen, heute meist noch die Regel. Alle Erfahrungen zeigen, dass sich aus vielen innovativen, kleinen Schritten relativ isoliert agierender Bereiche dennoch erhebliche Gesamtbewegungen für das Unternehmen entwickeln lassen, wenn die notwendigen Vernetzungen, bspw. zwischen Aus- und Weiterbildung - stattfinden.

Unser Fazit aus den Erfahrungen mit diesem Modellversuch: Ausbildungsleitungen und Ausbilder/innen sollten sich nicht entmutigen lassen, auch wenn sie sich zunächst als "Propheten in der Wüste" verstehen. Unternehmen, die sich in Zukunft auf den nationalen und internationalen Märkten behaupten wollen, werden auf die Dauer nicht umhin kommen, die aktuellen Signale aus den Bildungsbereichen ernst zu nehmen. Wenn die heute vielfach geäußerte These stimmt, dass die Qualifikation der Mitarbeiterinnen und Mitarbeiter das wichtigste Potential einer Organisation darstellt und wenn es auch stimmt, dass die dazu benötigten, spezifischen Qualifikationen (z.B. die Identifikation mit der Unternehmenskultur und dem Unternehmensleitbild) heute nicht einfach "eingekauft" werden können, werden aufgeklärte Unternehmensleitungen in Zukunft wieder mehr auf die Qualität und Einbindung ihrer Ausbildung achten, denn: "Früh übt sich, wer ein Meister werden will´!"

II. Vier Standorte - vier Modelle

Um die Übertragbarkeit dieses Konzepts auch auf die Bedingungen von mittleren und kleinen Unternehmen zu erproben, wurde der Modellversuch an vier Standorten durchgeführt. Je nach der Situation und den Rahmenbedingungen der Betriebe wurde das Konzept angepasst und verändert. Im folgenden Abschnitt werden in vier kurzen "Fallstudien" die spezifischen Veränderungen und Modifikationen des Grundkonzepts dargestellt.

Der erste Standort – Betrieb mittlerer Größe

Die Rahmenbedingungen beim Modellversuchsträger

Das Stammhaus des Modellversuchsträgers war der Standort für den ersten Modellversuchsdurchlauf. Prägend für dieses Unternehmen mit ca. 3000 Beschäftigten, dessen Geschicke vom Firmengründer bis zu dessen Tode im August 1992 gelenkt wurden, ist der große Erfolg mit dem Verkauf von Maschinen zur Genussmittelproduktion. Er hat dem Unternehmen zeitweilig eine monopolartige Stellung auf dem Weltmarkt gesichert. Das Unternehmen spiegelte diesen Erfolg zu Beginn des Modellversuchs mit all seinen positiven Seiten (hohe Sozialleistungen, große Arbeitsplatzsicherheit etc.) aber auch einigen typischen negativen Begleiterscheinungen (z.B.: ausgeprägter Verwaltungsapparat mit entsprechender "Schwerfälligkeit" der innerbetrieblichen Abläufe) wider. Ein kulturprägender Faktor war die Neuorientierung nach dem Tode des charismatischen Gründers. Wie in vielen anderen Gründerorganisationen war nach dem Ausscheiden des "Pioniers" ein Vakuum entstanden, das von der Unternehmensleitung erst Schritt für Schritt wieder gefüllt werden musste.

Das Unternehmen verfügte im Bereich der Berufsausbildung, die schon vor Beginn des Modellversuchs deutliche innovative Elemente enthielt - über eine vergleichsweise ideale Ausgangssituation. Die Einführung von Gruppenarbeit und die Re-Organisation von Managementkonzepten hatte bereits zu Reaktionen im Ausbildungssystem geführt. Die Ausbildungsorganisation setzte für die gewerblich-technischen Ausbildungsberufe schwerpunktmäßig auf die beiden Lernorte Ausbildungswerkstatt und die betrieblichen Versetzungsstellen in der Produktion. Für die kaufmännischen Ausbildungsberufe gab es bereits eine Lernort-Erweiterung dadurch, dass neben einem "Werkbüro" und den kaufmännischen Fachabteilungen eine Ausbildungsphase in der Ausbildungswerkstatt angeboten wurde. Die Auszubildenden der kaufmännischen Fachrichtungen fertigten hier während der Dauer von vier Ausbildungswochen einen kleinen LKW anhand eines Leittextes, um Grundbegriffe und Grundkenntnisse der Anforderungen der gewerblich-technischen Berufsrichtungen kennen zu lernen.

Für alle Ausbildungsrichtungen wurden darüber hinaus zusätzliche Seminare durchgeführt, z. B. zu den Themen: "Teamarbeit", "Lernen lernen" "Gesünder leben". Für alle Auszubildenden wurde außerdem eine "Umweltschutzwoche" in der Ver- und Entsorgungsabteilung des Unternehmens angeboten. Einen intensiv genutzten Lernort - speziell gedacht für die systematische Vor- und Nachbereitung bestimmter Ausbildungsphasen - bildete der sogenannte Container, der mit neuesten Techniken, z.B. Videoanlage, Computer, Visualisierungs- und Moderationsmedien ausgestattet war. Zu Beginn des Modellversuchs war im Gespräch, einen "Lernortverbund" mit anderen Unternehmen - bspw. den Tochterunternehmen zu gründen, um die in den jeweiligen Unternehmen bestehenden Lernchancen systematischer nutzen zu können.

Die Verweildauer in der Ausbildungswerkstatt und in den verschiedenen Fachabteilungen betrug jeweils ein Jahr "netto", wobei sich das Ziel, das erste Ausbildungsjahr überwiegend in der Ausbildungswerkstatt stattfinden zu lassen, aus organisatorischen Gründen in der Regel nicht realisieren ließ. Die Auszubildenden absolvierten daher schon in dieser Zeit Ausbildungsphasen im Betrieb und auch noch in späteren Ausbildungsphasen Lehrgänge in der Ausbildungswerkstatt.

Eine Verlagerung des Ausbildungsbereichs in neue Räume und eine konzeptionelle Neuausrichtung der Struktur des Ausbildungsbereichs war zum Zeitpunkt, als mit dem Modellversuch begonnen wurde, in Planung und ist mittlerweile realisiert. Die deutlich wahrzunehmende betriebliche Umstrukturierungswelle hatte im Vorfeld des Modellversuchs zu Diskussionen bei den Ausbildern geführt, was dies für die Ausbildung bedeute und ob es unter diesen Umständen nicht auch angezeigt sei, Gruppenarbeit schon in der Ausbildungswerkstatt einzuführen. Deutliche Tendenzen zur "lernenden Ausbildungsorganisation" zeichneten sich also ab in Richtung: Strukturveränderung, flexiblere Formen der Lernorganisation entwickeln, gezieltere Nutzung durch Vernetzung und Erweiterung der bestehenden Lernorte, Diskussionen um ein neues Selbstverständnis auf dem Hintergrund neuer Unternehmensentwicklungen.

Für die Ausbildung an diesem Standort standen zwölf hauptberufliche Ausbildungsmeisterinnen und -meister, jeweils zwei pro Gewerk, zur Verfügung. An den betrieblichen Einsatzplätzen wurden die Auszubildenden von Ausbildungsbetreuern - Fachkräften und Meistern, die interne Seminare zur Qualifizierung für diese Aufgabe durchlaufen hatten und mit einer Urkunde für diese Funktion ernannt worden waren - betreut. Die kaufmännische Ausbildung wurde von einer hauptamtlichen Ausbilderin geleitet, eine weitere Ausbilderin und SachbearbeiterInnen in den verschiedenen Fachabteilungen bildeten in diesem Bereich aus. Die hauptberuflichen Ausbilder verantworteten und organisierten neben ihren Ausbildungsaufgaben auch den Kontakt zur Berufsschule, bspw. über gemeinsame Arbeitskreise. Sehr enge Kontakte zur Berufsschule gab es im Bereich der technischen Zeichner auf dem Hintergrund der Neuordnung des Berufsbilds. In diesem Rahmen wurden Betriebsführungen für die Berufsschullehrer mit anschließenden Konferenzen, Referaten, usw. angeboten.

Die Weiterbildung des Ausbildungspersonals wurde schwerpunktmäßig in Form einer einmal jährlich stattfindenden themenbezogenen Fachtagung für alle haupt- und nebenberuflichen Ausbilder und betriebliche Führungskräfte (als "Ausbildungsbeiräte") organisiert. Je nach Thematik waren in diesem Zusammenhang Berufsschullehrer als Referenten beteiligt. Ein- bis zweimal jährlich fanden halbtägige Konferenzen zum Erfahrungsaustausch zwischen den haupt- und nebenberuflichen Ausbildern eines Gewerks statt, die der gemeinsamen Weiterbildung der Ausbilder dienten. Darüber hinaus wurden ein bis zwei themenbezogene Seminare pro Jahr (z.B. in bezug auf Gesprächsführung und Kommunikation) für die hauptberuflichen Ausbilder angeboten.

Die didaktisch-methodische Zielvorstellung der Ausbildungsleitung lag zum Zeitpunkt des Modellversuchsbeginns auf dem "handlungsorientierten Lernen". Selbständiges Lernen, ganzheitliches Lernen und Lernprozesse in der beruflichen Realsituation, sollten gezielt und systematisch gefördert und erfahrungsbezogen nachbereitet werden. Dieser Ansatz wurde allerdings von den jeweiligen Ausbildern unterschiedlich intensiv verfolgt und unterschiedlich ausgelegt, was zu kontroversen Sichtweisen führte. Einige plädierten für ein hohes Maß an selbständigen, entdeckenden, selbst zu überprüfenden realen Arbeits- und Lernsituationen, andere betonten die Notwendigkeit systematisch durchgeführter Übungsarbeiten an Übungsstücken und die Notwendigkeit externer Kontrolle und Bewertung durch den Ausbilder. Die Ausbildung in der Ausbildungswerkstatt war in Form von Lehrgängen organisiert. An den betrieblichen Einsatzstellen war es vom jeweiligen Ausbildungsbetreuer abhängig, ob hier mehr Unterweisung oder mehr Handlungsorientierung stattfand.

Nur einige haupt- und nebenberufliche Ausbilder verfügten über methodische Erfahrungen mit selbstgesteuerten, handlungsorientierten oder entdeckenden Lernprozessen. Team- und Gruppenprojekte zwischen den Auszubildenden wurden lediglich im Rahmen der externen Seminare durchgeführt.

Die Vorbereitung der ersten Projektstufe

In der Vorbereitungsphase waren die Schwerpunkt-Beteiligten am Projekt definiert worden: Der Ausbildungsleiter, eine Projektleiterin (Ausbilderin für technische Zeichner), eine Ausbilderin für Industriekaufleute, ein Ausbilder für gewerblich-technische Auszubildende zum Thema Fräsen, ein Ausbilder für gewerblich-technische Auszubildende mit dem Schwerpunkt Drehen, ein Ausbilder für die schlosserischen Aspekte, ein Ausbilder mit dem Schwerpunkt Elektrotechnik und ein nebenberuflicher Ausbilder im Einkauf. Die wissenschaftliche Begleitung erarbeitete mit diesen Personen in wechselnden Gruppierungen die Begleittexte für die kaufmännischen Auszubildenden im gewerblichen Bereich und für die gewerblich-technischen Ausbildungsberufe im kaufmännischen Bereich. Gemeinsam erfolgte auch die zeitliche und inhaltliche Planung des Projektes, die erforderlichen Rollen der Beteiligten im Projektverlauf wurden herausgearbeitet.

Für die erste Phase war geplant, dass drei Industriekaufleute (IK) in die Lehrwerkstatt gehen, um einen Schraubstock zu fertigen und sieben gewerblich-technische Auszubildende (GT) den kaufmännischen Bereich, insbesondere den Einkauf, kennen lernen sollten.

Ein Lenkungsgremium wurde ins Leben gerufen, das die Aktivitäten im Modellversuch steuern, koordinieren und vorbereiten würde. Neben der wissenschaftlichen Begleitung und einigen hauptberuflichen Ausbildern gehörten diesem Lenkungskreis der Personalleiter des Unternehmens, der Ausbildungsleiter und die interne Projektleiterin an. In den unterschiedlichen Modellversuchsphasen gehörten diesem Lenkungsgremium auch andere Mitarbeiter in projektrelevanten Funktionen, wie z.B. der Betriebsrat, Instandhalter, Ver- und Entsorger, an. Sie wurden jeweils dann hinzugezogen, wenn es um ihre aktive Mitarbeit im Projekt ging bzw. zu bestimmten Aspekten des Modellversuchs ihre Beratung/Unterstützung gebraucht wurden.

Durch den kurzfristigen Start des Modellversuchs - einen Tag vor Beginn der ersten Projektphase - erfolgte nur eine halbtägige Methodenschulung der haupt- und nebenberuflichen Ausbilder und der ernannten "Paten". Hier wurden die Vor- und Nachteile verschiedener Ausbildungsmethoden vorgestellt und anhand praktischer Übungen verdeutlicht. Im Rahmen dieser Veranstaltung wurden auch die zehn Auszubildenden aus dem ersten Ausbildungsjahr benannt, die am Modellversuch teilnehmen würden. Kriterium für die Auswahl war Freiwilligkeit und ein ausgeglichenes Leistungsniveau. Dadurch sollte verhindert werden, dass die Sondersituation, die der Modellversuch für die Beteiligten mit sich bringen würde, sich evtl. ausbildungsbelastend auswirken konnte.

Die Durchführung der ersten Projektstufe

A) Kaufmännische Auszubildende im gewerblichen Bereich

In den ersten vier Wochen stellten drei kaufmännische Auszubildende einen Schraubstock in der Lehrwerkstatt her. Um einen möglichst selbstgesteuerten Lernprozess zu gewährleisten, wurden ihnen Begleittexte, Fachbücher und Leitfragen - zur Erkundung der Arbeitsbereiche - zur Verfügung gestellt. In der praktischen Ausführung vor Ort wurden sie durch zwei Paten aus dem dritten Ausbildungsjahr unterstützt. Zur Fertigung der sechs Teile des Schraubstocks durchliefen die drei Auszubildenden die Fachabteilungen Dreherei, Fräserei und Schlosserei. In jeder Abteilung und an jeder Maschine wurden sie von den Werkern immer zuerst über die Sicherheitsbestimmungen informiert, bevor sie anhand praktischer Übungen an der Maschine begannen, sich das nötige Wissen zur Teilefertigung anzueignen. Zum Ende dieser Projektphase hatten alle Auszubildenden funktionsfertige Schraubstöcke gefertigt.

Neben vielen kürzeren Unterredungen während des Projektes an der Maschine fand am Ende einer jeden Woche ein Auswertungsgespräch zwischen den Auszubildenden, ihren Ausbildungspaten und den Ausbildern statt. Dabei wurden Erfahrungen und Erkenntnisse der Auszubildenden ausgetauscht und auf Metaplan-Karten festgehalten. An den Besprechungen nahmen oft auch Vertreter des Betriebsrates und der Jugendvertretung teil.

Gegen Ende der ersten Projektstufe erarbeiteten die Auszubildenden ihre Präsentation. In dieser Phase, für die drei Tage Zeit zur Verfügung standen, wurden sie von der wissenschaftlichen Begleitung und der internen Projektleiterin unterstützt.

B) Gewerbliche Auszubildende im kaufmännischen Bereich

Ziel dieser Arbeitsphase im kaufmännischen Bereich war es vorrangig, zu erkennen, unter welchen Rahmenbedingungen kaufmännische Mitarbeiter ihre Entscheidungen treffen, was von ihnen erwartet wird (Anforderungen) und was die Arbeitsinhalte dieser Berufsgruppe sind.

Sieben gewerbliche Auszubildende erkundeten zunächst auf einem Betriebsrundgang Daten zu den verschiedenen kaufmännischen Fachabteilungen (z.B. Anzahl der Mitarbeiter, Aufgabe, Kooperationsstrukturen...).

Es folgte eine ca. einwöchige Theoriephase, in der Grundbegriffe der kaufmännischen Arbeit erarbeitet wurden (u.a. die Bestandteile des Betriebsprozesses, das Wirtschaftlichkeitsprinzip, die Organisation der Firma, der Materialfluss u.ä.). Diese Phase wurde von den Ausbildungspaten dieser Gruppe und einer Ausbilderin geleitet. Die wissenschaftliche Begleitung, die als teilnehmende Beobachtung bei allen Teilschritten anwesend war, gab den Ausbildern anschließend ein methodisches feedback. Eingesetzte methodische Elemente waren: Einzel- und Gruppenarbeit, Kartenabfragen, Brain-storming und Rollenspiele.

In den verbleibenden drei Wochen verteilten sich die gewerblich-technischen Auszubildenden auf die Einkaufs-Abteilungen. Aus Kapazitätsgründen wurde die Gruppe geteilt. Eine Teilgruppe verbrachte diese Projektphase bei einer angrenzend liegenden Firma, die zur Körber Gruppe gehört. Dabei wurden die Auszubildenden von zwei Paten begleitet und unterstützt. Auch die Begleittexte dienten als Orientierung, um vor Ort selbständig arbeiten zu können.

Die Präsentation der Projekterfahrungen wurde von beiden Ausbildungsberufsgruppen gemeinsam durchgeführt. Dabei berichteten sie über ihre Projektergebnisse und Lernerfahrungen vor einem größeren Publikum, das aus haupt- und nebenamtlichen Ausbildern, dem Personalleiter, dem Ausbildungsleiter, den Ausbildungskollegen, betrieblichen Facharbeitern/Meistern und der wissenschaftlichen Begleitung bestand.

Nach Beendigung dieser ersten Phase wurde nachgeholt, was vor deren Beginn aus Zeitgründen nicht erfolgen konnte: Es fand eine intensivere Ausbilderschulung zum Thema Methodik und Didaktik statt. Diese Veranstaltung war sowohl als allgemeine, wie auch auf den Modellversuch bezogene Weiterbildung gedacht und wurde in einem Seminarhotel durchgeführt. Neben verschiedenen Methodenübungen und Themen zur Ausbilderrolle wurden auch Fragen zur Organisation der Ausbildungsabteilung der Firma und unterschiedliche Einschätzungen der ersten Modellversuchsergebnisse diskutiert. Ergebnisse dieses Workshops waren unter anderem konzeptionelle Vorschläge der Ausbilder zur weiteren Durchführung des Modellversuches und zu einer verbesserten Integration der übergreifenden Modellversuchsziele mit fachlichen Ausbildungsinhalten. Vor Beginn und nach Abschluss dieser Veranstaltung wurden allen Teilnehmern zur Vor- und Nachbereitung Texte zum Thema Ausbildungsmethoden, Ausbilderrolle und Ausbilderqualifizierung zur Verfügung gestellt.

Die Vorbereitung der zweiten Projektstufe

Um sich mit dem Thema Instandhaltung vertraut zu machen und den Ablauf und die Inhalte des "Instandhaltungsprojekts" vorzubereiten, wurde vor dessen Beginn ein zweitägiger Workshop durchgeführt, an dem zwei betriebliche Instandhalter (einer davon nebenamtlicher Ausbilder), die wissenschaftliche Begleitung, die Projektleiterin und die an dieser Phase beteiligten hauptamtlichen Ausbilder teilnahmen. In dieser intensiven Vorbereitungsphase wurden folgende Aspekte bearbeitet:

- Fachliche und fachübergreifende Anforderungen in der Instandhaltung;
- Arbeitsinhalte eines Instandhalters;
- Die "Instandhaltungsphilosophie" des Unternehmens und ihre Zusammenhänge mit dem Thema Unternehmenskultur;
- Entsprechende Lernziele für die Auszubildenden;
- Neue Ausbildungsmethoden zur Vermittlung fachübergreifender Lernziele;
- Auswahl und Besichtigung der Maschinen vor Ort, die für dieses Projekt geeignet erschienen.

Im Vorfeld hatten die Projektleiterin und die wissenschaftliche Begleitung in einer Reihe von Vorgesprächen mit dem Abteilungsleiter und den Instandhaltern die Chancen und Risiken für ein solches Projekt abgeschätzt. Im Rahmen des Workshops wurde vereinbart, dass

- die Maschinen aus der Fertigung stammen, dort bearbeitet und nach dem Projekt wieder produktiv eingesetzt werden sollten;
- die sieben gewerblichen Auszubildenden sich in eigener Regie auf zwei Gruppen bzw. zwei Maschinen verteilen sollten;
- zwei der drei kaufmännischen Auszubildenden in der Abteilung Instandhaltung mitarbeiten und die gewerblichen Kollegen durch die Bearbeitung der kaufmännischen Aspekte unterstützen und ein weiterer Industriekaufmann in Eigenregie ein EDV-Programm zur Unterstützung der Instandhaltungsarbeiten schreiben würde;
- ein Instandhalter (nebenamtlicher Ausbilder) für die aktuelle Beratung/ Betreuung der beiden Gruppen vor Ort zuständig sein sollte;
- die Ausbilder sich in der Rolle fachlicher Berater im Hintergrund halten würden;
- tägliche Planungssitzungen stattfinden würden, in denen die Auszubildenden die jeweils anstehenden Schritte planen konnten;
- die "Paten" zwei Wirtschaftsingenieur-Studenten sein würden, die sich selbst vor Beginn des Projektes in das Thema Instandhaltung einarbeiten würden;
- wöchentliche Auswertungsgespräche, geleitet von der wissenschaftlichen Begleitung, stattfinden sollten;
- die Paten die Moderation der Auswertungs- und Planungssitzungen übernehmen würden. In der praktischen Arbeit vor Ort sollten sie, wie in der ersten Projektstufe auch, als Ansprechpartner fungieren;

In einer halbtägigen Veranstaltung wurden die Auszubildenden in Aspekte der Team- und Gruppenarbeit eingeführt. Dieses Seminar bearbeitete vor allem folgende Themen:

- Was sind Anforderungen von Gruppen- und Teamarbeit?
- Durch welche Arbeitsorganisation kann Teamentwicklung positiv gefördert werden?
- Was ist eine "vollständige Arbeitshandlung"?
- Was bedeuten Planungs- und Kontrollschritte in diesem Zusammenhang?
- Welche Verantwortung und Kompetenzen hat ein Projektteam?
- Welche Probleme und Konflikte können bei diesen Arbeitsformen auftreten?

- Welchen Einfluss haben diese Fragen für das bevorstehende Instandhaltungsprojekt?
- Welche Arbeitsorganisation und -struktur erscheint den Auszubildenden für das kommende Projekt sinnvoll?

Die Durchführung der zweiten Projektstufe

Zu Beginn der zweiten Projektstufe fand eine Einführungsveranstaltung statt, an der die beteiligten Auszubildenden, zwei Instandhalter, die Projektleiterin, die beteiligten hauptberuflichen Ausbilder, und die wissenschaftliche Begleitung teilnahmen. Hier wurden die Struktur des Projektes, die Ansprechpartner für die Auszubildenden, die Bedeutung des Projektes für die Ausbildung, sowie die nächsten Schritte besprochen. Moderiert wurde die Sitzung von der Projektleiterin.

Der Einstieg in das "Instandhaltungsprojekt" erfolgte im Rahmen einer zweitägigen Erkundungsphase, während der alle Auszubildenden einen Instandhalter bei seiner täglichen Arbeit begleiteten. Sie sollten nicht nur "mitlaufen", sondern möglichst auch schon konkret bei Wartungs- und Instandsetzungstätigkeiten mitarbeiten, um die realen Anforderungen der Arbeit kennen zu lernen. Nach diesen beiden Tagen erfolgte ein gemeinsames, auswertendes Gespräch.

Anschließend erfolgte der "Gang an die Maschinen". Zwei Teams bildeten sich für jeweils eine der zu wartenden und zu reparierenden Maschinen. Diese Instandhaltungsteams informierten sich vor Ort - durch Fragen an die Maschinenbediener - über den gegenwärtigen Zustand der Maschinen und bildeten gemeinsam mit diesen erste Hypothesen über mögliche Problemursachen.

Die nächsten drei Projektwochen waren davon geprägt, dass die gewerblichen Auszubildenden mit Unterstützung des Instandhalters die Maschinen demontierten, einen Wartungsplan aufstellten und diesen abarbeiteten, um Fehler zu finden und zu beheben.

Am Ende der Bearbeitungszeit waren die Maschinen gewartet, repariert und wieder in der Produktion einsetzbar.

Die letzten Tage in dieser Projektphase konzentrierten sich die Auszubildenden auf die Vorbereitung der Präsentation. Im Rahmen dieser Präsentation stellten die Auszubildenden anhand von Vorträgen, Folien und

Metaplan-Visualierungen ihre Projekterfahrungen vor. Auch die Paten und der nebenamtlich ausbildende Instandhalter, sowie die Ausbildungsleitung, präsentierten ihre Rückmeldung zum stattgefundenen Lern- und Arbeitsprozess und zu ihrer Einschätzung des Projekterfolgs.

Im unmittelbaren Anschluss an die Präsentation fand ein auswertendes Treffen des Lenkungsgremiums statt, bei dem erörtert wurde, welche Projekterfahrungen dem Ausbildungspersonal wichtig erschienen und welche Inhalte des Modellversuchs evtl. in die Regelausbildung übernommen werden könnten.

Nach diesem Treffen erfolgten mehrere Gespräche zwischen Projektleitung, Ausbildern, Ausbildungsleitung und wissenschaftlicher Begleitung, um zu klären, wie eine Unterstützungsleistung des wissenschaftlichen Begleitinstituts - zur Übertragung des Modellversuchs in die Regelausbildung - aussehen könne.

Das wissenschaftliche Begleitinstitut erstellte anschließend:

- Schriftliche Empfehlungen zur Übertragung des Modellversuchs;
- Hinweise bzgl. Themen und Inhalten einer Ausbilderschulung zu den Themen: "Neue Ausbildungsmethoden" und "Pädagogik in der Ausbildung;"
- Das Konzept einer Ausbilderschulung zum Thema "Projektmanagement", und "Gesprächsführung mit Gruppen;"
- Eine Checkliste zur Einführung von Ausbildungsprojekten in die Regelausbildung;
- Leifragen zur Auswertung der Projekterfahrungen aus der Sicht der beteiligten und nicht beteiligten Ausbilder - zur Klärung der Umsetzungsmotivation bei den verschiedenen Beteiligten und zur Vorbereitung eines internen Workshops der Ausbildungsabteilung, in dessen Rahmen weiterführende Schritte und Perspektiven der betrieblichen Ausbildung diskutiert und geplant werden sollten.

Der zweite Standort – Kleiner Betrieb

Die Rahmenbedingungen am Modellversuchsstandort

Dieses Tochterunternehmen der Trägerfirma ist spezialisiert auf die Fertigung von Produktionssystemen für die Papierherstellung. Mit ca. 600 Mitarbeiterinnen und Mitarbeitern arbeitet die Firma fast ausschließlich exportorientiert. 95% aller Maschinen werden ins Ausland verkauft. Es handelt sich um einen typischen mittelständischen Betrieb, mit allen Problemen, die der harte Wettbewerb im Maschinenbau mit sich bringt.

Die gewerbliche Ausbildung war in einer etwas abseits gelegenen Ausbildungswerkstatt angesiedelt, in der drei hauptberufliche Ausbilder bis zu maximal 40 Auszubildende aus drei Jahrgängen betreuten. Im Verlauf der Ausbildung wurden die Auszubildenden möglichst oft für Betriebseinsätze in der Fertigung und Montage abgestellt, um die wichtigen, berufspraktischen Erfahrungen sammeln zu können. Die kaufmännische Ausbildung fand in diesem Unternehmen weitestgehend in den betrieblichen Fachabteilungen statt.

Die Vorbereitung und Durchführung der ersten Projektstufe

Zwischen Juni und August 1993 fanden mehrere Vorbereitungsgespräche zwischen der wissenschaftlichen Begleitung, der Projektleiterin und verschiedenen haupt- und nebenberuflichen Ausbildern, sowie der Ausbildungsleitung der Firma statt. Besprochen wurden inhaltliche Schwerpunkte, methodische Vorgehensweisen und die Rollen der verschiedenen Beteiligten. Verabredet wurde:

- Die kaufmännischen Auszubildenden fertigen einen Schraubstock in der Ausbildungswerkstatt - anhand von Begleittexten und unterstützt durch einen älteren Auszubildenden als "Paten;"
- Die gewerblich-technischen Auszubildenden besuchen die Abteilungen Einkauf, Service, Angebot und Versand;
- In der praktischen Arbeit vor Ort erfolgt jeweils Unterstützung durch einen gewerblichen, bzw. einen kaufmännischen Paten;
- Auch in diesem Unternehmen werden Begleittexte zur Unterstützung des selbständigen Lernens und Arbeitens eingesetzt und erprobt.

In der Rolle und Funktion als Ausbilder/Begleiter waren beteiligt:

- Der Ausbildungsleiter;
- Ein hauptberuflicher Ausbilder für die gewerblich-technischen Ausbildungsberufe;
- Eine nebenberufliche Ausbilderin für technische Zeichner;
- Eine Koordinatorin für die kaufmännischen Ausbildungsberufe, zuständig auch für die übergreifende Ausbildungskoordination;

- Ein nebenberuflicher Ausbilder aus dem Bereich Rechnungswesen;
- Ein Abteilungsleiter aus dem Bereich Materialwirtschaft in der Funktion als nebenberuflicher Ausbilder;
- Ein Abteilungsleiter aus dem Bereich Angebotserstellung, ebenfalls als nebenberuflicher Ausbilder;
- Der Abteilungsleiter aus dem Bereich Service als nebenberuflicher Ausbilder.

Teilnehmende Auszubildende waren:
- Ein Industriemechaniker, Fachrichtung Maschinen und Betriebstechnik;
- Ein Industriemechaniker, Fachrichtung Drehen;
- Ein Industriemechaniker, Fachrichtung Elektrotechnik;
- Eine technische Zeichnerin;
- Zwei Auszubildende zur Industriekauffrau.

Bis auf eine Ausnahme befanden sich alle Auszubildenden im ersten Ausbildungsjahr. Als Paten fungierten ein Industriemechaniker, Fachrichtung Maschinen- und Betriebstechnik aus dem dritten Ausbildungsjahr und ein Industriekaufmann mit Schwerpunkt Datenverarbeitung, ebenfalls im dritten Ausbildungsjahr.

Für den gewerblichen Bereich wurde der Begleittext fast vollständig aus dem ersten Modellversuchsstandort übernommen. Im kaufmännischen Bereich wurde der am ersten Modellversuchsstandort entwickelte Begleittext in Zusammenarbeit mit der wissenschaftlichen Begleitung neu gestaltet.

In einem Einführungstreffen wurden alle Beteiligten mit den Zielen des Projekts, den beiden Phasen, einem möglichen inhaltlichen Ablauf und den verschiedenen Rollen der Beteiligten bekannt gemacht.

Die Durchführung der beiden ersten Projektstufen (angehende Industriekaufleute im gewerblichen Bereich und gewerblich-technische Auszubildende in den kaufmännischen Fachabteilungen) wurde hier zeitlich parallel durchgeführt.

An einem gemeinsamen Einführungstag erhielten die sechs Auszubildenden und zwei Paten durch zwei Planspiele Einblicke in Grundlagen des "kaufmännischen Denkens". Diese wurden von einem Berufsschullehrer geleitet. Anschließend wurden die wichtigsten kaufmännischen Begriffe erklärt und in Rollenspielen verdeutlicht.

Für die Durchführung wurde vereinbart, dass die Auszubildenden am Ende einer jeden Woche Auswertungsgespräche mit der wissenschaftlichen Begleitung, der Projektleiterin und ihrem Ausbilder führen würden. Darüber hinaus wurde vorgeschlagen, dass die kaufmännischen und gewerblich-technischen Auszubildenden je nach aktuellem Bedarf gemeinsame Frühstückspausen organisieren sollten, um sich in einer Art "Morgenrunde" gegenseitig zu informieren, Fragen zu stellen etc.

A) Industriekaufleute im gewerblichen Bereich

Die Herstellung des Schraubstocks verlief ähnlich wie bei der Trägerfirma. Der Ablauf unterschied sich jedoch in einigen Punkten:

- Die Herstellung der einzelnen Teile war flexibel möglich, weil alle Maschinen in einem Raum erreichbar waren;
- Der gesamte Herstellungsprozess dauerte aufgrund dieser Bedingungen nur halb so lange, wie am ersten Standort;
- In der verbleibenden Zeit absolvierten die Industriekauffrauen - aufgrund einer Initiative des Ausbildungsleiters - Betriebseinsätze in der Kleinteilmontage und im Vorrichtungsbau. Aufgrund ihrer praktischen Erfahrungen in der Metallbearbeitung konnten sie dabei bestimmte handwerkliche Tätigkeiten bereits selbständig ausführen.

B) Gewerblich-technische Auszubildende im kaufmännischen Bereich

Die Auszubildenden der gewerblich-technischen Berufsrichtungen verbrachten die ersten sieben Projekttage gemeinsam in den Einkaufsabteilungen. Dabei wurden sie vor allem vom Abteilungsleiter "Materialwirtschaft", einzelnen Mitarbeitern (nebenamtlichen Ausbildern) und - falls notwendig - von ihrem "Paten" betreut.

Aktivitäten im Einkauf waren:

- Einkaufs- und Verkaufspreis eines Schraubstocks berechnen, Preise bei Lieferanten erfragen und Endpreise kalkulieren
- einen Hersteller und Lieferanten selbst aufsuchen, befragen und mit ihm verhandeln
- EDV-gestützte Bestellungen tätigen, Datenerhebungs- und Dokumentationstätigkeiten durchführen

Tätigkeiten für eine Teilgruppe im Service waren:

- Reiserouten für Monteure aussuchen und buchen

- Tätigkeitsberichte am PC erfassen

Tätigkeiten in der Angebotsabteilung waren:

- Schriftliche Kalkulationen und ein Angebot für den Schraubstock erstellen

Nach jeweils vier Tagen tauschten die Teilgruppen die Abteilungen. In einer "Übergabe-Sitzung" informierten die Auszubildenden sich gegenseitig über den Stand ihrer jeweiligen Arbeitsaufträge, um sie anschließend gezielt fortführen zu können.

Beide Ausbildungsgruppen gestalteten ihre Abschlussdokumentation in Form von Rollenspielen, Diavorträgen, Visualisierungen anhand von Moderationsmaterialien und kurzen Folienvorträgen. Die Präsentation der Projekterfahrungen fand im Beisein der beiden Geschäftsführer, der beteiligten neben- und hauptamtlichen Ausbilder, Ausbildungskollegen und Vertretern der Körber AG, der wissenschaftlichen Begleitung, externen Gästen und der zuständigen Modellversuchsbetreuerin des Bundesinstituts für Berufsbildung statt.

Die Vorbereitung der zweiten Projektstufe

Aufgrund der Planungsprozesse in der Ausbildungsabteilung stand für eine Vorbereitung der zweiten Projektphase wenig Zeit und für die ganze Projektstufe nur vier Wochen zur Vefügung.

Die wissenschaftliche Begleitung hatte bereits im Frühjahr und Sommer sämtliche Protokolle und Ergebnisse des ersten Modellversuchs-Durchlaufs an die Ausbildungsleitung weitergeleitet. Dies trug dazu bei, dass auch an diesem Standort ein Instandhaltungsprojekt Gegenstand der zweiten Phase sein sollte.

Die ersten vorbereitenden Gespräche fanden daher mit den beteiligten Ausbildern und im Beisein des betrieblichen Instandhalters statt, der das Projekt vor Ort fachlich begleiten sollte.

Als größte Schwierigkeit erwies sich, eine geeignete Maschine für die Wartung und Instandhaltung und einen geeigneten Standort im Betrieb zu finden. Da im Unternehmen ein relativ hoher Produktionsdruck bestand, sah weder die Produktionsleitung noch die Geschäftsführung die Möglichkeit, eine Maschine aus der Produktion für eine planmäßige Wartung und Instandhaltung freizustellen. Aus der Sicht der wissenschaftlichen Begleitung wurde ein hohes Maß an "Realitätsnähe" als notwendig bezeichnet, um die Ziele des Projekts erreichen zu können. Als Alternative wurde eine Maschine aus der Ausbildungswerkstatt angeboten, die "reif" für eine Reparatur zu sein schien. Allerdings sollte diese Maschine auch innerhalb der Ausbildungswerkstatt - und damit unter "Aufsicht" der hauptberuflichen Ausbilder - gewartet und instandgesetzt werden. Schließlich wurde der Kompromiss erreicht, dass diese Maschine in die Fertigungshalle transportiert und dort vor Ort instand gesetzt werden konnte.

Vor Projektbeginn fand ein Einführungsgespräch mit allen Beteiligten statt, in dem die Ziele, die Rollen der Beteiligten und der Projektablauf besprochen wurden. Die Ablaufstruktur wurde aus dem ersten Modellversuchs-Standort übernommen.

Die Durchführung der zweiten Projektstufe

Zu Beginn des Instandhaltungsprojekts fand ein Einführungstag statt, an dem der betreuende Instandhalter den Auszubildenden seinen Arbeitsbereich mit einem gemeinsamen Rundgang vorstellte und dabei auf die typischen Anforderungen und Probleme seines Berufes einging. Ab dem zweiten Tag teilten sich die Auszubildenden auf: Die gewerblich-technischen Berufsrichtungen gingen an die zu wartende Maschine in der Produktion, die kaufmännischen Auszubildenden bezogen das Instandhaltungsbüro.

Die gewerblich-technischen Auszubildenden begannen sofort mit der Demontage und Reinigung der Maschine, suchten in den folgenden Tagen Fehler und versuchten, diese zu beseitigen. Dazu mussten Teile bei den kaufmännischen Ausbildungskollegen im Instandhaltungsbüro geordert werden.

Die Planungs- und Auswertungsgespräche wurden auf Wunsch der Auszubildenden nur ein bis zweimal pro Woche und nur im Beisein der Paten durchgeführt. Der Instandhalter schaute mit zunehmendem Projektfortschritt etwas seltener, aber mindestens einmal am Tag an der Maschine vorbei, um mit den Auszubildenden den aktuellen Arbeitsstand zu besprechen.

Ein kaufmännischer Auszubildender erstellte eine EDV-Maske für ein

Instandhaltungsprogramm, seine beiden Ausbildungskolleginnen beantworteten die Fragen aus dem Begleittext. Dabei ging es vor allem um die Erstellung eines *make or buy*- Schemas, sowie um kaufmännische Aspekte der Instandhaltung, die Instandhaltungsphilosophie des Unternehmens und Umweltschutzaspekte im kaufmännischen Bereich.

Die Präsentation bereiteten die Auszubildenden nach Ablauf dieser Phase in eigener Regie und ohne externe Betreuung vor. Sie fand vor dem gleichen Publikum statt, das schon die Präsentation der ersten Projektstufe verfolgt hatte.

Die Maschine war zwar bis zur Präsentation noch nicht völlig instandgesetzt worden, die wesentliche Arbeit war aber getan. Nachdem sie anschließend neu lackiert worden war, wurde sie wenig später in der Ausbildungswerkstatt wieder eingesetzt.

Der dritte Standort - Kleiner Betrieb

Die Rahmenbedingungen am Modellversuchsstandort

Dieses Familienunternehmen liegt in direkter Nachbarschaft zur Trägerfirma. Der auf dem internationalen Markt sehr erfolgreiche Betrieb mit ca. 100 Mitarbeitern stellt hochsterile Pumpen - überwiegend für die Lebensmittelproduktion - her. Die Pumpen werden in der Regel individuell nach dem Bedarf der Kunden angefertigt, zum Teil in aufwändiger Handarbeit. In mehreren europäischen und außereuropäischen Ländern sind Vertriebstöchter angesiedelt, die in einer Holding zusammengefasst sind. Ca. 2-5 gewerblich- technische und kaufmännische Auszubildende werden in einer Ausbildungsperiode ausgebildet.

Eine eigene Ausbildungswerkstatt war zum Zeitpunkt des Modellversuchs nicht vorhanden. Die Ausbildung findet daher ausschließlich an den Arbeitsplätzen in der Produktion und in der Verwaltung statt. In der Produktion waren der Produktionsleiter und ein eigens benannter Ausbildungsverantwortlicher für die Planung und Durchführung der Ausbildung zuständig (mit der Befugnis zur Delegation der Ausbildungsverantwortung an die Facharbeiter in den unterschiedlichen Produktionsbereichen). In der Verwaltung war die Ausbildungsverantwortung auf die verschiedenen Abteilungsleitungen und Sachbearbeiterinnen und Sachbearbeiter verteilt. Diese aus Sicht der Firmenleitung vermeintlich ungünstigen Rahmenbedingungen für ein Ausbildungsprojekt sind kennzeichnend für die Ausbildungsbedingungen von kleinen Unternehmen.

Die Vorbereitung der ersten Projektstufe

Zur Vorbereitung der ersten Projektstufe fanden mehrere Planungsgespräche und eine Betriebsbesichtigung statt. Vor Projektbeginn nahmen außerdem zwei, als "Projektverantwortliche und -koordinatoren" benannte, Ausbilder/innen an einer Ausbilderschulung der Trägerfirma teil. Darüber hinaus besuchten die am Projekt beteiligten 3 Auszubildenden und eine projektverantwortliche Ausbilderin ein internes Seminar für Auszubildende und Ausbilder/innen der Trägerfirma.

Die Durchführung der ersten Projektstufe

Am Projekt nahmen ein Zerspannungsmechaniker, Fachrichtung Drehtechnik und zwei Industriekauffrauen in Ausbildung teil. Während der gewerblich-technische Auszubildende im Einkauf , im Marketing und im Export mitarbeitete, zeichneten die Industriekauffrauen in den Räumen der technischen Zeichner eine Laufradmutter für eine Pumpe, die sie dann anschließend in der Produktion selbst anfertigten. Tätigkeiten des gewerblich-technischen Auszubildenden im Verwaltungsbereich waren: Kundenanschreiben am PC erstellen, Ablage machen, Betriebsanleitungen zusammenstellen, Stücklisten ins Englische übersetzen und an Kunden faxen. Tätigkeiten der Industriekauffrauen in der Fertigung waren: Grundübungen wie Feilen und Drehen absolvieren, eine Laufradmutter anfertigen und Mitarbeit an verschiedenen Arbeitsplätzen in der Produktion, z. B. in Lager und Kontrolle. Eine Begleitung und Beratung vor Ort, ähnlich der Funktion der "Paten" an den beiden vorhergehenden Standorten, erfolgte zwischen den drei Auszubildenden gegenseitig. Ansprechpartner waren auch die Facharbeiter und Sachbearbeiter an den jeweiligen Arbeitsplätzen und eine intensivere Betreuung erfolgte durch die beiden projektverantwortlichen Ausbilder. Einmal wöchentlich fanden gemeinsame Auswertungsbesprechungen der Auszubildenden mit der Projektleitung, den projektverantwortlichen Ausbildern und der wissenschaftlichen Begleitung statt. Diese erste Projektstufe wurde im Verlauf von zwei Wochen absolviert.

Die Durchführung der zweiten Projektstufe

Im Verlauf der ersten Projektwoche stellte sich überraschend heraus, dass der gewerblich-technische Auszubildende wegen der Blockzeiten in der Berufsschule und Vorbereitungen für die Zwischenprüfung nicht an der geplanten zweiten Projektstufe teilnehmen könne. Aus diesem Grund wurde kurzfristig beschlossen, die zweite Projektstufe unmittelbar an die erste anzuhängen.

Beide Projektstufen wurden daher im Rahmen der für vier Wochen geplanten ersten Projektphase absolviert. Aufgrund der zeitlichen Situation entfiel eine gezielte Vorbereitung und Planung. Auf Wunsch des Produktionsleiters sollte der Projektauftrag für die drei Auszubildenden in der Wartung und Reparatur mehrerer Pumpen bestehen. Im Unterschied zu den beiden vorhergegangenen Modellversuchsstandorten lehnten die Auszubildenden eine Arbeitsteilung zwischen den gewerblich-technischen und kaufmännischen Anteilen einer Pumpenreparatur ab und erledigten sowohl die Pumpenreparatur als auch die Berechnung der Ersatzteil- und Stundenkosten, das Ausfüllen des Reparaturscheins usw. gemeinsam. Auch in diesen beiden Wochen fanden regelmäßige Auswertungsgespräche statt.

Nach Abschluss der zweiten Projektstufe präsentierten die Auszubildenden ihre Lern- und Arbeitserfahrungen vor der Unternehmensleitung, dem Produktionsleiter, Mitarbeiterinnen und Mitarbeitern aus dem Unternehmen, den beteiligten Ausbildern und externen Gästen anhand von kurzen Rollenspielen, Dias und Visualisierungsmaterialien. Im Anschluss an die Präsentation fand ein gemeinsames Auswertungsgespräch zwischen allen Beteiligten statt.

Der vierte Standort –Betrieb mittlerer Größe

Die Rahmenbedingungen am Modellversuchsstandort

Diese Firma fertigt Produkte zum manuellen und computergestützten Zeichnen und Schreiben und wendet sich damit an alle Anwender in Büro, Schule, Ausbildung, Hobby und Freizeit. Die Produkte gehen in mehr als 140 Länder und mit einem Umsatzanteil von rund 65% ist auch diese Firma stark exportorientiert.

Die Rezession der letzten Jahre und der zunehmende Einfluss der Computertechnologien haben Spuren in Form einer veränderten Produktpalette und in einer zurückgehenden Mitarbeiterzahl hinterlassen. Heute sind rund 900 Mitarbeiter am Hamburger Stammsitz beschäftigt.

Die Unternehmensorganisation befand sich zum Zeitpunkt des Modellversuchs im Umbruch. Gruppenarbeit und Qualitätsmanagement waren eingeführt, so dass die bereits realisierten und mit dem Modellversuch möglichen Innovationen in der Ausbildung von der Ausbildungsleitung und vielen Beteiligten als unterstützendes Element der firmeninternen Personalentwicklung gesehen und begrüßt wurden.

In der Ausbildung befanden sich zu diesem Zeitpunkt ca. 30 Auszubildende, je 9-10 pro Ausbildungsjahrgang. Davon entfielen auf den kaufmännischen Bereich: vier Industriekaufleute, eine Groß- und Einzelhandelskauffrau, drei Betriebswirte, drei Wirtschaftsinformatiker sowie zwei Wirtschaftsingenieure. Im gewerblich- technischen Bereich wurden zwei Energieelektroniker, (Fachrichtung Betriebstechnik), neun Werkzeugmechaniker (Fachrichtung Formentechnik), sowie fünf Industriemechaniker (Fachrichtung Geräte- und Feinwerktechnik) ausgebildet.

Der Ausbildungsleitung war ein hauptamtlicher Ausbilder für den gewerblichen Ausbildungsbereich unterstellt, es existierte eine eigene Ausbildungswerkstatt. Die kaufmännische Ausbildung fand überwiegend in den kaufmännischen Fachabteilungen statt, der jeweils ein nebenamtlicher Ausbildungsbetreuer zugeordnet war. In den verschiedenen Produktionsbereichen waren die jeweiligen Meister für die ordnungsgemäße Durchführung der Ausbildung verantwortlich. Der Projektgedanke und auch innovative methodische Elemente, wie handlungsorientiertes, entdeckendes und kooperatives Lernen war im Ausbildungsbereich bereits verankert, so dass die Ziele des Modellversuchs hier auf fruchtbaren Boden fielen.

- Im Werkzeugbau wurden kontinuierlich Ausbildungsprojekte mit sehr guten Ergebnissen und positiver Resonanz der Auszubildenden durchgeführt. Die Projektarbeit beschränkte sich allerdings zu Beginn des Modellversuchs auf bereichsinterne Projektaufträge. Zur Zeit finden Projekte auch in Zusammenarbeit mit der zuständigen Berufsschule und anderen in diesem Bereich ausbildenden Firmen statt.
- Aus den positiven Erfahrungen mit einer Einführungswoche, die für alle neuen Auszubildenden durchgeführt wurde, hatte sich die Idee einer gemeinsamen, übergreifenden Projektwoche für alle Ausbildungsjahrgänge entwickelt. Deren Inhalte basierten auf Ideen und Vorschlägen der Auszubildenden. Sie haben im Verlauf dieser Woche gemein-

sam eine Broschüre über die Ausbildungsgänge in der Firma erstellt. Das Projekt beinhaltete die eigenständige Konzeption, die Erstellung der Texte, Fotos und das Layout. Die Arbeitsorganisation im Team planten und verabredeten die Auszubildenden in eigener Regie. Im Anschluss an diese Projektwoche erfolgte eine gemeinsame Nachbesprechung mit allen Beteiligten, in deren Rahmen beschlossen wurde, diese Projektwochen als Regelangebot in die Ausbildung einzuführen.
- Im zweiten Ausbildungsprojekt ging es um die Planung und Durchführung eines Ausbildungstags, bevor dann im nächsten Jahr der Modellversuch mit seinen berufsübergreifenden Projektphasen startete.

Die Vorbereitung der ersten Projektstufe

Ähnlich wie am vorhergehenden Standort erfolgt die Vorbereitung der ersten Projektstufe in mehreren Schritten.

Ein erstes vorbereitendes Gespräch fand im Oktober 1994 zwischen der Ausbildungsleiterin, einem hauptamtlichen Ausbilder für die gewerblich-technischen Berufe, der Projektleitung der Trägerfirma und der wissenschaftlichen Begleitung statt.

Im Anschluss an dieses Gespräch signalisierte die Ausbildungsleiterin großes Interesse, am Modellversuch teilzunehmen. Sie sah darin die Chance, den Team- und Projektgedanken in der Ausbildung noch stärker als bisher zu verankern, vor allem in der Ausweitung auf berufsübergreifende Ausbildungsprojekte.

Ein weiteres Vorbereitungsgespräch erfolgte im Februar 1995 mit zwei Fertigungsleitern und den jeweiligen Meistern, nebenamtlichen Ausbildern aus den kaufmännischen und gewerblich-technischen Arbeitsbereichen, dem Betriebsrat, der Jugendvertretung und der Ausbildungsleitung.

In einem weiteren Gespräch zwischen der Ausbildungsleitung und der wissenschaftlichen Begleitung wurden mögliche Arbeitsinhalte der gewerblich-technischen Auszubildenden im Einkauf erörtert. Hier erfolgte auch die Festlegung der inhaltlichen Grundorientierung: Praktische Mitarbeit bei den alltäglich anfallenden Aufgaben, Abläufe im Einkauf nachvollziehen und die Zusammenhänge überschauen lernen.

Ein Treffen mit den am Projekt beteiligten Auszubildenden im Februar 1995 diente der Information über das geplante Projekt, die Struktur dieser Projektstufe, ihre Aufgaben im Projekt und die Rollen der verschiedenen Beteiligten.

Vor Beginn der ersten Projektstufe erfolgte ein Planungsgespräch zwischen der wissenschaftlichen Begleitung und der Ausbildungsleitung, dem

Fertigungsleiter im Werkzeugbau und dem hauptamtlichen Ausbilder für die gewerblich-technischen Berufe. Dabei wurden die Arbeitsinhalte der kaufmännischen Auszubildenden in der ersten Projektstufe festgelegt: Praktische Mitarbeit in der Reparatur von Spritzgießformen, Erkundungsaufträge im Werkzeugbau, Fertigung eines Schraubstocks in der Lehrwerkstatt anhand von Plänen und Begleittexten.

Kurz vor Beginn der ersten Projektstufe erfolgte eine halbtägige "Methodenschulung" für alle am Modellversuch beteiligten Ausbilder und Ausbilderinnen und die Vereinbarung methodischer "Leitlinien" für die Durchführung der ersten Projektstufe: Selbständiges Lernen ermöglichen und fördern, Entdeckungsaufträge stellen, Überblick über Zusammenhänge fördern, eigenes Rollenverständnis als Lernberater und Prozessbegleiter im Hintergrund.

Die Durchführung der ersten Projektstufe

Teilnehmer am Projekt waren:

- Ein Industriemechaniker, 1. Ausbildungsjahr;
- Zwei Werkzeugmechaniker, 1. Ausbildungsjahr;
- Zwei Industriekaufleute, 1. Ausbildungsjahr;

und als Paten:

- Eine Wirtschaftsinformatikstudentin der Nordakademie im 4. Semester
- Eine Wirtschaftsingenieurin der Nordakademie im 4. Semester
- Ein Werkzeugmechaniker, Fachrichtung Formtechnik, 3. Ausbildungsjahr.

Die Durchführung der ersten Projektstufe fand für die gewerblich-technischen und die kaufmännischen Auszubildenden zeitlich versetzt statt. Zunächst gingen die drei gewerblich-technischen Auszubildenden für die Dauer von vier Wochen in die Einkaufsabteilung des Unternehmens, anschließend erfolgte die Projektphase der kaufmännischen Auszubildenden in der Lehrwerkstatt (zwei Wochen) und im Werkzeugbau (eine Woche).

Während dieser Zeit fanden wöchentliche Auswertungsrunden der Ausbildungsgruppen statt, die von der Ausbildungsleitung und den Paten moderiert wurden und auch den beteiligten haupt- und nebenamtlichen Ausbildern zur Teilnahme offen standen.

A) Gewerblich-technische Auszubildende im Einkauf

Aufgaben der gewerblich-technischen Auszubildenden im Einkauf waren u.a.: Telefonate mit internen und externen Kunden führen, Ablage machen, Bestellanforderungen der innerbetrieblichen Kunden notieren und Bestellungen an Lieferanten übermitteln, nicht gewährte Rabatte schriftlich anfragen, Lieferanten vergleichen und auswählen, eine zahlenmäßige Auswertung einer internen Befragung über die Zufriedenheit mit Lieferanten erstellen. Darüber hinaus erfolgten Erkundungsgänge in die Bereiche: Buchhaltung, Arbeitsvorbereitung, Controlling und Wareneingang, auch nahmen die Auszubildenden beim sogenannten "Zweiwochengespräch" im Einkauf teil.

Für die Vorbereitung ihrer Präsentation nutzten die Auszubildenden die vorhandenen technischen Möglichkeiten. Am PC erstellten sie eine tabellarische Übersicht über die Zusammenhänge und Abläufe im Einkauf und schrieben eine Einladung für die Präsentation.

B) Kaufmännische Auszubildende im gewerblichen Bereich

Die kaufmännischen Auszubildenden fertigten zunächst in der Lehrwerkstatt einen Schraubstock anhand von Zeichnungen und absolvierten dabei die klassischen Grundübungen: Feilen, Bohren, Drehen, Fräsen, Gewinde schneiden, Messen. Als Ansprechpartner stand einer der Paten und der hauptamtliche Metallausbilder zur Verfügung. Anschließend erfolgte eine Erkundungsphase im Werkzeugbau: Sie führten Interviews mit Facharbeitern und Meistern über die Arbeitsschwerpunkte in den verschiedenen Betriebsbereichen und machten erste Erfahrungen mit der Handhabung einiger Maschinen. In der letzten Projektwoche bearbeiteten sie einen betrieblichen Auftrag in der Formenreparatur: Eine Spritzgießform, bestehend aus ca. 200 Teilen, war auseinander zu bauen, zu reinigen, zu fetten und wieder zusammen zu bauen. In dieser Phase wurden sie durch den Meister vor Ort begleitet, beraten und unterstützt.

Nach Beendigung der Projektphase erarbeiteten beide Ausbildungsgruppen gemeinsam eine Präsentation ihrer Projektergebnisse und -erfahrungen und stellten diese der Ausbildungsleitung, den beteiligten Ausbildern, Mitarbeiterinnen und Mitarbeiter aus dem Betrieb, der wissenschaftlichen Begleitung, der Projektleitung ArGe, Ausbildungskollegen, sowie interessierten Gästen aus den anderen Modellversuchsstandorten und der Berufsschule vor.

Die Vorbereitung der zweiten Projektstufe

Die Vorbereitung der zweiten Projektstufe beinhaltete neben weiteren

Planungsaktivitäten eine Reihe von Schulungsmaßnahmen:

Zur Vorbereitung auf die zweite Projektstufe und zur Einbindung des Projekts in die Zielsetzungen des Unternehmens wurde anschließend eine TQM-Schulung für die Auszubildenden durchgeführt;

Zur Vorbereitung auf die Moderation der Teambesprechungen absolvierte der Pate ein Moderatorentraining;

Vor Beginn der zweiten Projektstufe erfolgte eine eintägige Schulung zum Thema "Projektmanagement" für die Ausbilder und den Paten und die ebenfalls eintägige Durchführung einer Teamschulung für die beteiligten Auszubildenden.

Die Durchführung der zweiten Projektstufe

Der Projektauftrag bestand in der Reparatur einer Spritzgießform mit anschließender Erstellung einer Hilfsvorrichtung nach Kundenwünschen. Die dabei zu bewältigenden fachlichen Aufgaben entsprachen den Anforderungen des Ausbildungsrahmenplans, erfolgten jedoch früher, als dort vorgesehen.

Während die gewerblich-technischen Auszubildenden die Reparatur durchführten, berechneten die kaufmännischen Auszubildenden die entstandenen Reparaturkosten, führten Telefonate und Bestellungen durch und fungierten in allen kaufmännischen Belangen als "Dienstleister" für ihre Ausbildungskollegen. In "Leerlaufzeiten" übernahmen sie die Urlaubsvertretung für die Ausbildungsleitung, z.B., indem sie die eingehende Bewerberpost nach vorgegebenen Kriterien vorsortierten, die Ablage machten, Telefonate entgegennahmen, usw.. Für Planungen, Arbeitsbesprechungen und als gemeinsamer Treffpunkt wurde dem Projektteam ein eigener Besprechungsraum als "Lernstudio" zur Verfügung gestellt.

Die gewerblich-technischen Auszubildenden begannen ihren Part mit einem geführten Rundgang im Fertigungsmittelbau. Anschließend bearbeitete jeder von ihnen zunächst einen Einzelauftrag: Eine Spritzgießform wurde auseinandergebaut, gereinigt, gefettet und wieder zusammengebaut. Der zuständige Meister erklärte die Formen und ihre Funktionen. Währenddessen erarbeiteten sich die kaufmännischen Auszubildenden theoretische Grundkenntnisse über Kosten-/Leistungsrechnung anhand schriftlicher Unterlagen, um anschließend aufgekommene Fragen mit einem Ausbilder zu klären. Diese Inhalte waren bisher in der Berufsschule noch nicht Thema, erfolgten also im Projektzusammenhang wesentlich früher, als im Ausbildungsplan vorgesehen.

Im Anschluss an die individuellen "Vorübungen" an den Spritzgießformen erhielten die Auszubildenden den Auftrag, gemeinsam eine komplexere Spritzgießform zu warten und instand zu setzen. Ergänzt wurde der Reparaturauftrag durch einen Erkundungsauftrag: "Der Weg des Reinigungsmittels" der Spritzgießformen vom Anfang bis zum Verlassen des Werks, inklusive der Recycling-Stationen. Ein weiterer Reparaturauftrag erfolgte: Die Reparatur einer umfangreicheren Spritzgießform: Ausbau, Bestellung und Wiedereinbau eines defekten Kühlsystems.

Die kaufmännischen Auszubildenden begannen währenddessen mit einer Analyse des Teamstundensatzes und erstellten eine make-or-buy-Analyse. Im Rahmen der Erstellung der Hilfsvorrichtung übernahmen sie die Vor- und Nachkalkulation, Bestellungen und überprüften den erarbeiteten Teamstundensatz.

Zum Ende des Projekts hin hatten die Auszubildenden mehrere Formen auseinandergebaut, gereinigt, repariert, wieder zusammengebaut und eine Hilfsvorrichtung nach Kundenanforderungen entwickelt. Als einziges Problem stellte sich heraus, dass eine bestellte Messuhr für die Hilfsvorrichtung nicht passte und umgetauscht werden musste.

Auch nach dieser Projektstufe präsentierten die Auszubildenden ihre Projektergebnisse und Lernerfahrungen vor einem größeren Publikum.

III. Lerneffekte

Auswirkungen des Modellversuchs auf den Lernprozess der Auszubildenden

Der Lerngewinn der Auszubildenden, die an diesem Projekt beteiligt waren, ist beeindruckend. Nach ihren eigenen Schilderungen und Berichten der Ausbilder waren sie nach Abschluss der beiden Projektphasen deutlicher als vorher in der Lage, komplexe Arbeitsaufträge selbständig zu bearbeiten und auch bereichsübergreifende, organisationsbezogene Zusammenhänge zu erkennen. Als überaus positiv haben viele Auszubildende das hohe Maß an Selbständigkeit und Verantwortung erlebt, das ihnen im Projektverlauf zugestanden wurde.

Waren zu Beginn der ersten Projektphase von Einzelnen zunächst Gefühle der Verunsicherung und Überforderung geäußert worden, so ließ die zweite Projektphase erkennen, dass die Auszubildenden ihren Arbeitsprozess immer souveräner und selbstsicherer steuerten. Einblicke in die Anforderungen der jeweils anderen Berufsgruppe waren nach den Schilderungen der Auszubildenden vor allem in der ersten Projektphase zu gewinnen, während in der zweiten Projektphase das Zusammenspiel der verschiedenen Berufe im Vordergrund stand.

Die Projektpräsentationen trugen erwartungsgemäß erheblich dazu bei, sicherer im freien Sprechen vor großen Gruppen zu werden. Der Zwang, den eigenen und gemeinsamen Lernprozess dafür noch einmal zu reflektieren und zu systematisieren, führte dazu, dass bestimmte Lernerfahrungen bewusst wurden. Wie die Auszubildenden übereinstimmend berichteten, hatten sie noch niemals bisher solch intensive Erfahrungen mit Gruppenarbeit und der selbständigen Arbeitsorganisation im Team gemacht.

Um einen Einblick in die Bewertung der Projekterfahrungen aus der Sicht der Auszubildenden zu ermöglichen, werden im Folgenden ihre eigenen Einschätzungen wiedergegeben, die in auswertenden Gesprächen nach Abschluss der jeweiligen Projektstufe geäußert wurden.

Lernerfahrungen der ersten Projektstufe

Ziele der ersten Projektstufe waren:

- Die Auszubildenden sollten die Möglichkeit erhalten, ein besseres Verständnis und grundlegende Erfahrungen mit den Anforderungen der jeweils anderen Berufe zu gewinnen;

- Schwerpunktmäßig sollte es dabei nicht darauf ankommen, sich mit allen Einzelheiten der jeweils zur Anwendung gelangenden Fachtheorie vertraut zu machen, sondern darauf, einen breiten Überblick über die jeweiligen organisatorischen, dispositionellen und qualifikatorischen Zusammenhänge, sowie die Inhalte und Verfahrensweisen der unterschiedlichen Berufsgruppen zu erhalten;
- Erste Erfahrungen mit den Schnittstellen zwischen den Berufsbereichen und den Anforderungen und Notwendigkeiten berufsübergreifender Kommunikation sollten ermöglicht werden.

Aus der Sicht auf das Gesamtkonzept wurde die erste Projektstufe von den meisten Auszubildenden als gute Vorbereitung für die zweite Projektstufe bewertet, da man dann in dieser schon über Grundkenntnisse des anderen Berufsfelds verfüge und sich auf dieser Basis eher auf die berufsübergreifende Kooperation konzentrieren könne.

A) Kaufmännische Auszubildende im gewerblich-technischen Bereich:

Die Lernerfahrungen der ersten Projektstufe wurden von den Auszubildenden je nach Berufsgruppe unterschiedlich bewertet. Die angehenden Industriekaufleute fanden es sehr positiv, Grundkenntnisse der gewerblich-technischen Berufe zu gewinnen und begründeten dies mit einem eigenen, besseren Verständnis und wichtigen Hintergrundinformationen, die die Arbeit im eigenen Fachgebiet erleichtern und professionalisieren können:

- "Man bekommt mehr Ahnung vom anderen Beruf, das heißt, wenn ich jetzt höre, das Teil muss noch gefräst werden, dann ist das für mich kein Fremdwort mehr."

- "Man kann nun bei Bestellungen bestimmte Typen von Teilen unterscheiden und weiß besser, von was genau da die Rede ist."

- "Man bekommt einen Einblick, wie lange es dauert, Teile zu fertigen. Das spielt bei Bestellungen ja eine ziemlich Rolle."

- "Ich habe die Fachbegriffe gelernt: Flansch, Bohrung, Schulter. Vorher habe ich dazu gesagt: Loch, oder Beule, oder Höcker. Jetzt kann ich mich kompetenter mit Kunden und auch mit den Werkern unterhalten."

- "Ich habe jetzt konkretere Vorstellungen von den einzelnen Pumpenteilen und kann mit den Abkürzungen und Bezeichnungen eher was anfangen, wenn Pumpen bestellt oder verschickt werden."

- "Ich habe mich schon früher immer für die Abteilungskonferenzen interessiert. Man bekommt so einen Überblick, was ist die Arbeit im Umfeld. Den Überblick habe ich jetzt auch, was die Arbeit in der Produktion anbetrifft."

Als positiv wurde auch empfunden, die Anforderungen des anderen Berufsfelds kennen zu lernen:

- "Man muss sehr exakt arbeiten und viel stehen, das ist anstrengend. Aber interessant war auch: man kann etwas tun und die Gedanken können mal eine Zeitlang abschweifen, es gibt auch Routine. Das gibt es auch im kaufmännischen Bereich."

- "Wir mussten mit dem Messschieber umgehen und nach Zeichnung ein Teil anfertigen. Da macht man sich erst Gedanken, wie man vorgehen will. Das muss man dann immer wieder überprüfen und aufzeichnen. Aus der Büroarbeit kenne ich das so nicht."

Diese Projektstufe ermöglichte auch anfängliche Erfahrungen mit der "Kultur" der anderen Berufsgruppe:

- "Die in der Produktion gehen viel lockerer miteinander um, und da wird auch mal Tacheles geredet. Das kenne ich so nicht aus dem kaufmännischen Bereich."

B) Gewerblich-technische Auszubildende im kaufmännischen Bereich

Die gewerblich-technischen Auszubildenden bewerteten ihre Lernerfahrungen in der Tendenz etwas anders, als ihre kaufmännischen Ausbildungskollegen. Einige gewerblich-technische Auszubildende hatten Mühe, den Sinn der Arbeit im anderen Berufsfeld zu erkennen. Man habe doch in der realen beruflichen Arbeitssituation mit diesen Berufsgruppen gar nichts zu tun. Sie problematisierten, dass man hier nichts "für die Prüfung" gelernt habe und unter dieser Perspektive wertvolle Zeit für die eigentliche Ausbildung verloren gegangen sei. Begründet wurde dies mit der Fülle des zu bewältigenden Stoffplans im eigenen Fachgebiet, der kaum Spielräume lasse für "fachfremde" Inhalte. Einige Auszubildende fanden "das lange Herumsitzen" in den kaufmännischen Fachabteilungen "eher langweilig" und die Arbeit "zu theoretisch".

Ein Großteil der gewerblich-technischen Auszubildenden plädierte jedoch dafür, solche Projektphasen in die Regelausbildung zu übernehmen. Dies geschah z. B. mit der Begründung, man habe dann einen besseren Überblick über bestimmte Abläufe zwischen beiden Unternehmensbereichen und auch über die Struktur des Unternehmens insgesamt. Man arbeite anders, wenn man mehr Hintergründe wisse. Dies ermögliche außerdem eine verbesserte Kooperation zwischen kaufmännischen und produzierenden Bereichen und ein besseres, gegenseitiges Verständnis der beiden Berufsgruppen.

- "Ich weiß jetzt, was passiert zwischen dem Ausfüllen der grünen Karte und dem Eintreffen der Teile".

- "Man weiß jetzt, wo die Teile herkommen. Wer sorgt für Nachschub - das fand ich ganz interessant. Man versteht jetzt mehr, was das gesamte Drumherum anbetrifft."

- "Ich kann jetzt besser verstehen, wie Termine und wie Termindruck zustande kommt, zum Beispiel durch eilige Aufträge".

- "Ich war relativ neu und habe dadurch die Firma besser kennen gelernt - was es alles gibt, und wie die einzelnen Abteilungen funktionieren müssen. Ich weiß jetzt, wen ich fragen kann und kann auch die Abläufe besser zuordnen, z. B. was alles geschieht, damit man eine Maschine verkauft. In der Schule habe ich Vorteile vor meinen Kollegen. Ich weiß jetzt zum Beispiel, dass wir einen Aufsichtsrat haben und wie die Firma aufgebaut ist, das wissen die anderen nicht".

- "In der Angebots- und Serviceabteilung habe ich viel zum Thema Verpackung und Umweltschutz mitbekommen. Das ist ähnlich wie in der Lackiererei, bei den Lösungsmitteln und Ersatzstoffen. Man hat gemerkt, dass das mit dem Umweltschutz nicht nur leeres Gerede ist und dass das nicht außen vor gelassen wird."

Als wichtiges Hintergrundwissen wurde auch die Kostenseite der eigenen Arbeit thematisiert:

- "Ich kann jetzt einschätzen, wie viel so ein Schraubstock kostet, und wie viel die Arbeitszeit kostet."

- "Ich bin fast vom Hocker gefallen, als wir berechnet haben, dass eine Dreherstunde den Betrieb 210 Mark kostet. Die Informationen hatten wir von dem Mann, der die Kalkulation macht."

- "Ich habe gelernt, was die Teile kosten, z.B. beim Reparaturkostenvoranschlag. Da hatte ich vorher nichts mit zu tun, das brauche ich auch nicht für die Prüfung. Aber interessant ist das schon. Man braucht doch ein Kostenbewusstsein. Man weiß jetzt auch, wo die Pumpen hingehen, wer die braucht und in wie viele Länder die gehen. Das weiß man normalerweise nicht, wenn man die baut oder repariert."

- "Interessant war auch die Kostenermittlung, Umweltkosten zum Beispiel. Da haben wir gemerkt, was zum Beispiel die Putzlappen kosten - das ist ja jede Menge."

Ein weiterer Lerngewinn war es, die Dienstleistungsbeziehungen zwischen den verschiedenen Bereichen kennen zu lernen:

- "Die Zusammenarbeit muss klappen. Der Einkauf muss Material besorgen, sonst geht das nicht im Betrieb."

- "Kennen gelernt habe ich die Organisationsstruktur, den Warenfluss. Wie was von welcher Abteilung in welche Abteilung geht. Da hat man gesehen, wie viele Abteilungen da drin sind, um für uns ein paar Schrauben zu holen. Interessant war auch, dass es da einen Ordner gab, in dem drin stand, wer zuständig ist und an wen man sich wenden muss."

Als Lerngewinn wurde auch gesehen, dass man durch die praktische Mitarbeit in den kaufmännischen Fachabteilungen bessere Einblicke in die Arbeitsinhalte und Vorgehensweisen dieser Berufsgruppe bekommen habe. Dies hat nach Einschätzung einiger Auszubildenden auch dazu beigetragen, Vorurteile abzubauen.

- "Das hat bei uns sicherlich auch Vorurteile abgebaut. Wir haben die Kaufleute vorher "Sesselpupser" genannt und in der Kantine hieß es: Setz dich nicht zu denen. Jetzt haben wir gemerkt, das sind ganz normale Menschen. Bei denen geht es halt förmlicher zu, man wird gesiezt. Aber so arrogant sind die gar nicht."

- "Man muss viel rechnen, viel denken und viel sitzen. Das ist langweilig. Andererseits gibt es dann auch Stoßzeiten und Zeitdruck, wo das Telefon klingelt, man dies und jenes gleichzeitig machen muss. Das ist ziemlich anstrengend. Gelernt habe ich da, in 'Steps' zu denken und vorzugehen."

- "Die Kaufleute müssen viel mehr reden, als man das in der Produktion macht. Das könnte ich nicht, das bewundere ich auch."

Lernerfahrungen der zweiten Projektstufe

Ziele der zweiten Projektstufe waren:

- Eine konkrete betriebliche Aufgabe fach- und qualitätsgerecht durchführen können;
- Berufsübergreifende Teamarbeit kennen lernen; selbständige Arbeit im Team;
- Einen praktischen Einblick in Fragen der betrieblichen Arbeitsorganisation gewinnen und Erfahrungen sammeln bezüglich des Zusammenhangs zwischen fachlicher Arbeitsqualität und Arbeitsorganisation / Arbeitsprozess;
- Erfahrungen mit berufsübergreifender Kooperation und innerbetrieblichen Dienstleistungsbeziehungen gewinnen;
- Theorie-Praxis-Bezüge nachvollziehen durch die Kombination von Informationssammlung/Datenerhebung, praktischer Arbeit und deren Dokumentation;
- Integration von Umweltschutz- und Kostenaspekten in die fachbezogene Arbeit.

Die zweite Projektphase wurde von allen Auszubildenden als sehr positiv bewertet. Als wichtigste Projekterfahrung wurde das hohe Maß an Selbständigkeit und Verantwortung hervorgehoben, das ihnen in diesem Rahmen zugestanden wurde. Dies hat eine hohe Motivation für die Bewältigung der Projektaufgabe ermöglicht.

A) Kaufmännische Auszubildende

- "Toll fand ich die Selbständigkeit. Man hat ein Teil bestellt, das kommt nicht, wir haben angerufen und nachgehakt und schließlich das mit Nachdruck gefordert. Man konnte mal selbständig entscheiden."

- "Das hohe Maß an Selbständigkeit war neu. Wir arbeiten zwar sonst auch mit Leittext, aber im Prinzip geht man dann halt die Fragen durch. Da wird man auch geführt. Hier waren wir wirklich ganz auf uns gestellt."

- "Man hat alles selbst herausfinden müssen. Das Teil kommt nicht, da haben wir im Haus herumtelefoniert. Wo ruft man dann an? Bei der Poststelle, der Werksverwaltung, der Warenannahme...?"

B) Gewerblich-technische Auszubildende

- "Man kann hier auch schon produktiv arbeiten. Das ist besser, als wenn man nur hört: Azubis kosten Geld!"

- "Wir haben echte Verantwortung bekommen. Wir waren soweit es ging, selbständig und haben auch selbst gefragt. Sonst kommt immer jemand der hilft, wenn man rumsteht. Jetzt musste man jemanden holen. Er erklärte es uns nicht sofort, sondern sagte, macht Euch Gedanken. Er korrigierte und ergänzte uns dann. Es gab auch Zwischenkontrollen, ehe wir was angefangen haben."

- "In der Ausbildung geht alles nach Plan. Im Beruf muss man kreativ sein, zum Beispiel wenn man mehrere Spannstücke hintereinander einbaut."

- "Ich sehe Ausgelernte, die jetzt arbeiten müssen. Die stehen 'rum und fragen, und belasten die anderen."

- "Ich habe noch nie soviel Selbständigkeit und Verantwortung gehabt bisher. In der Ausbildung und in der Schule ist das doch sehr begrenzt."

- "Das selbständige Planen und die Arbeit im Team - da habe ich am meisten gelernt. Sonst hat man immer einen, der um einen rumsteht. Man sollte sich viel mehr selber Gedanken machen, wie man vorgeht. Normalerweise sagt der Meister, wie es gemacht wird."

Wichtig erschien den Auszubildenden auch die Anwendung fachlicher Grundkenntnisse und Techniken aus der eigenen Berufsrichtung anhand einer realen Aufgabenstellung. Hier haben vor allem die gewerblich-technischen Auszubildenden als äußerst positiv bezeichnet, dass sie als "Experten" ihres Fachgebiets handeln konnten und sich als solche bestätigt und ernstgenommen fühlten. Ein wesentlicher Lerngewinn war für beide Berufsgruppen, die Notwendigkeit des in der Ausbildung Erlernten anhand der betrieblichen Ernstsituation zu erkennen.

A) Kaufmännische Auszubildende

- "Als wir mal eine Schraube bestellt haben, das war eine einzige, kleine Schraube im SAP-System, haben wir uns gewundert über den Preis. So ein Aufwand für eine kleine Schraube. Da hätte man gleich vorausplanen und mehrere bestellen müssen, sonst ist das so, wie wenn man jeden Tag eine Scheibe Wurst einkauft."

- "Wenn Anfragen nach Ersatzteilen kamen, kannte ich viele nicht. Jetzt weiß ich, es gibt einen Ordner mit Artikel-Nummern, da kann ich nachschlagen."

B) Gewerblich-technische Auszubildende

- "Man hat die betriebliche Anwendung dessen, was man kann, erlebt. Man hat die Instandhaltung kennen gelernt, hat andere Ansprechpartner und ist in einer anderen Rolle."

- "Es war gut. Wir haben was Konkretes geschafft. Jeder hat seinen eigenen Bereich gemacht. Ich habe ein Werkstück gefräst und mit montiert und geschraubt. Dabei habe ich gemerkt, wie wichtig das ist mit den Toleranzen. Ich habe bei dem Werkstück einen Kollegen gefragt, ob das richtig ist, dass ich 2/10 abnehmen soll. Er sagte, ja stimmt. Das war dann doch zuviel. Wir haben dann Ärger bekommen. Das ging noch zu montieren, aber wenn es Ausschuss gewesen wäre, hätte das 1.500 Mark gekostet. Man muss schon gut überlegen, bevor man etwas macht. Zum Beispiel haben wir auch ein anderes Teil gefräst. Da war ein Keil so abgenutzt, dass wir dachten, das ist Absicht. Dann haben wir die andere Seite auch so gefräst. Das würde ich beim nächsten Mal anders machen. Erst mal auf den Plan schauen."

- "Ich bin jetzt an der Fräsmaschine. Durch das Projekt verstehe ich die Maschine besser als vorher. Der Vorarbeiter hat sich sehr gewundert, dass ich die Teile schon kenne. Ich konnte schon ganz alleine den Spindelrundlauf messen, das war der gleiche Vorgang wie im Projekt."

- "Man hat jetzt in der Ausbildung mehr Erfahrung als die anderen. Die letzten Tage hat unser Ausbilder was von einer Spindel erzählt, das wussten die anderen noch nicht und ich kannte das schon."

- "Ich durfte in die Fräsmaschine reingucken, das durfte ich sonst nicht, obwohl ich als Fräserin ausgebildet werde. Da gab es nur die Zeichnung, das war zu abstrakt. Jetzt habe ich aber mehr Angst, wenn ich an der Maschine stehe. Ich bin vorsichtiger, weil ich weiß, was alles passieren kann. Das finde ich ganz gut. Wie schnell fährt man irgendwo in ein Teil rein. Man müsste die Maschinen viel mehr von innen kennen: Was tauchen da für Fehler auf. Instandhaltung als fester Ausbildungsbereich wäre gut."

- "Instandhaltung ist für den Facharbeiter enorm wichtig. Der sagt zum Beispiel zum Instandhalter: Der Vorschub läuft nicht. Viele Facharbeiter kennen ihre Maschine aber gar nicht so genau. Die haben die Maschine bestimmt nie aufgemacht und können nur von außen Knöpfe drücken. Die kennen die Gefahren nicht, sondern wissen, das und das sollen sie nicht machen, wissen aber nicht, warum und was passiert, wenn..."

- "Methodisch habe ich gelernt: Einen Arbeitsplan aufstellen und überlegen: wie geht man vor?"

- "Wir haben dann alle Schrauben auf den Tisch getan und nach Größe sortiert. Später, als wir die Maschine wieder zusammenbauen mussten, war das große Erwachen da: Wo kommen die denn hin? Wir hatten nicht dazu geschrieben, wo wir da abgenommen haben. Wir haben dann ausprobiert, wo die hinkommen. Es war auch hinterher keine mehr übrig."

- "Wenn man einen Fehler gemacht hat, musste man die Maschine ausmachen und überlegen, was nun los war. Ich wollte das auch selbst rauskriegen. Da kam keiner und hat einem gesagt, was man nun machen soll und was verkehrt war. Man musste es ja rauskriegen, um den gleichen Fehler nicht noch mal zu machen."

Auch diese Projektstufe ermöglichte Einblicke in die Hintergründe der eigenen Arbeit, vor allem in bezug auf die Aspekte: Kosten und Umweltschutz:

- "Umweltschutz kannte ich schon. Wir haben aber jetzt genauer mitbekommen, wo die hohen Kosten entstehen in der Entsorgung. Das war in der Umweltschutzwoche, bei der wir mal mitgemacht haben, nicht so deutlich. Ich habe mich jetzt mehr dahinter geklemmt. Man hat gemerkt, wofür man die ganzen Kenntnisse überhaupt braucht."

- "Um Umweltschutz richtig durchzusetzen, müsste man mal ein Seminar mit Einkäufern machen. Da sitzt die Sturheit: 'Ich bestelle seit 10 Jahren weißes Papier, ich nehme doch ab jetzt nicht graues Papier!'"

- "Umweltschutz hat für mich bedeutet: Öllappen woher, Kühlschmierstoffe wohin. Jetzt haben die Kaufleute mal geguckt, wo das hingeht, wann das abgeholt wird, was das alles kostet. Das Kaufen und Entsorgen, das wusste ich nicht, was da an einem Tag an Müll und Schrott entsteht. Das kann ich jetzt besser abschätzen, was das alles kostet und ein Bestellvorgang, wie lang der dauert. Das macht Sinn, auch für gewerbliche Berufe."

- "Da gab es verschiedene Öle für verschiedene Getriebe. Ich wusste nicht, dass es so viele gibt und dass es so wichtig ist. Das ist auch kompliziert, die wieder zu entsorgen. Das muss alles in eigene Kanister und beschriftet und sortiert werden."

- "Ich habe gelernt, wie wichtig die Beschriftung der Kanister ist. Dass man nicht jeden Behälter nehmen kann und welche Konflikte mit der Ver- und Entsorgung entstehen können, wenn man da was verkehrt macht."

- "Wichtig ist zu wissen, was das kostet, an was man rumschraubt. Sonst würde man sagen, wenn eine Maschine kaputtgeht: Schmeiß die doch auf den Müll und hol eine Neue."

- "Auch die Kostenrechnung - was die dann kostet - hat mich beeindruckt. Das vergisst man nicht mehr. Das muss ein Produktionsarbeiter wissen, sonst holt er einfach eine neue, wenn mal eine Schraube hinfällt. Das macht man leicht so".

Nach Einschätzung der Auszubildenden wurde auch das Bewusstsein über die innerbetrieblichen Dienstleistungsbeziehungen gefördert:

- "Wir arbeiten sonst auch selbständig , aber hier war der Kontakt zur Fertigung unmittelbar gegeben. Wir bestellen, wissen wofür und für wen das ist. Sonst war das eher anonym: Dass das Teil gebraucht wird und fertig. Wenn man weiß, wofür das ist, setzt man sich mehr ein. Man identifiziert sich mehr. Auch mit den Maschinen identifiziert man sich mehr, die man verkauft. Man weiß, um was es sich handelt und bekommt nicht nur irgendein Kürzel an den Kopf geworfen."

- "Man hat direkte Betriebskontakte bekommen, weiß, wie die dort arbeiten. Man guckt jetzt direkter hin - wie das Teil gefertigt wird. Wir haben auch die Maschinen besser kennen gelernt und wie was produziert wird."

- "Es ist schon wichtig, dass man weiß, was man einkauft oder verkauft. Wichtig ist, dass ich die genaue Maschinenbezeichnung kenne. Das ist notwendiges Grundwissen, denn man arbeitet anders, wenn man den Überblick hat."

- "Ich habe gemerkt: Wenn Leute aus dem Vertrieb von der Technik keine Ahnung haben, ist das ein Problem. Man muss das Produkt kennen, das man verkauft. Der Teufel steckt im Detail."

- "Teilweise haben wir Leute aus dem Büro gebraucht. Man hat gesehen, wie lange das dauert, um ein Teil zu kriegen. Da mussten die viel rumtelefonieren."

Für viele Auszubildende bedeuteten die erlebten Kooperationsanforderungen und die selbständige Planung, Organisation, Durchführung und Kontrolle der Arbeit die erste Erfahrung mit der Arbeit in einem gleichberechtigten Team:

- "Meine wichtigste Erfahrung war Gruppenarbeit. Wie ich mit einer Gruppe umgehen muss, denn ich muss auf die Gruppe achten und zusammen arbeiten. Für mich alleine geht nichts. Ich habe gelernt, wie ich mit anderen zurechtkomme und Vorschläge einbringen und die Vorschläge der anderen ernstnehmen kann."

- "Man hat auch aus Fehlern gelernt, die die anderen gemacht haben. Bei manchen gab es Streit um das richtige Vorgehen. Wir haben gemeinsam jeden Arbeitsgang gemacht. Damit alle was davon haben und lernen."

- "Die zweite Phase war gut. Da hat man selbst etwas gemacht mit den Händen und immer gesehen, was man gemacht hat. Das war eine konkrete sinnvolle Arbeit, man sah den Erfolg. Man wurde auch gebraucht in der Gruppe. Wir haben im Team zusammen die Verantwortung getragen. Man war auch viel lockerer, was zu besprechen, zum Beispiel wenn es unterschiedliche Ideen über das Vorgehen gab."

- "Teamarbeit kannte ich schon aus der Montage, da hatte ich mal einen Betriebseinsatz. Auch in der Schule gibt es Gruppenarbeit, im Politikunterricht. Aber in der Lehrwerkstatt macht jeder sein Teil selbst. Man hilft sich mal, aber richtige Teamarbeit ist das nicht."

- "Im Team muss man gleich starke Personen haben. Wenn nur einer was kann, ist das ein Problem für alle."

- "Reibereien sind im Team normal, in den gewerblichen Berufen, z.B. dass man sich da anblökt."

- "Ein Fräser braucht keine Teamarbeit, der steht alleine an der Maschine. Die Schlosser gehen mit mehreren an die Maschine. Trotzdem ist es wichtig, soziale Fähigkeiten zu haben. Man lernt in so einem Projekt, mit anderen Menschen umzugehen. Man sucht, wo kann ich was von den anderen lernen?"

- "Zusammenarbeit muss man auch erst lernen. Ich konnte das früher schon. Jetzt ist einem das aber richtig bewusst geworden, dass man die anderen auch braucht. Wenn man mal nicht weiter wusste, hilft einem der andere."

Als interessant und für die eigene Arbeit wichtig wurden auch die Einblicke in die Arbeitsinhalte und Vorgehensweisen der anderen Berufsgruppen bezeichnet:

- "Ich weiß, was Drehen und Fräsen bedeutet und verstehe jetzt ein bisschen mehr."

- "Ich habe auch über die anderen Berufe was gelernt. Von Elektrik habe ich jetzt mehr Ahnung. Thomas hat mir den Kabelschrank gezeigt. Wenn ich da alleine rein gucke, sagt mir das nichts. Interessant, was man da überhaupt prüfen kann."

- "Interessant war auch, mit zu bekommen, wie die Kaufleute nach Stuttgart telefoniert haben wegen einem kleinen Ersatzteil. Eine Spindel, ein kleines Teil in einem riesigen Betrieb. Ich wüsste gar nicht, wo man da anruft. Das hat mich beeindruckt. Auch, dass das dann wirklich ankam und geliefert wurde."

Erfahrungen mit der Durchführung des Konzepts

Aus den Erfahrungen mit der Durchführung des Konzepts ist im Rahmen des Modellversuchs eine Checkliste für die Einführung von Ausbildungsprojekten im Betrieb erarbeitet worden. Zur besseren Handhabung und Einordnung dieser Checkliste, die beim wissenschaftlichen Begleitinstitut angefordert werden kann, sollen jedoch im Folgenden die wichtigsten Erfahrungen mit der Durchführung des Gesamtkonzepts zusammengefasst werden.

Erfahrungen mit der Durchführung der Projektstufe 1

Ein gemeinsamer Einführungstag zu Beginn

Um die Auszubildenden auf dieses Projekt einzustimmen, hat sich ein Einführungstag - im Sinne eines gemeinsamen Auftakts - bewährt. Dieser kann zum Beispiel einen Überblick über den gesamten Projektverlauf, die Klärung der Rollen und Funktionen der verschiedenen Beteiligten, die Funktion der Begleittexte, die Vereinbarung von Besprechungsterminen zwischen beiden Berufsgruppen, eine gemeinsame Begehung der Lernorte und ein Kennenlernen der Ansprechpartner vor Ort beinhalten. Auch ein Betriebsrundgang oder eine "Rallye" mit konkreten Fragestellungen zu Beginn des Projekts eignen sich für eine Startveranstaltung. Bewährt haben sich auch gemeinsame Planspiele für beide Auszubildendengruppen. Die spielerisch erlernten Begriffe sollten allerdings praxisrelevant sein und auch im späteren Verlauf des Projekts wiedererkannt werden können.

Theoretische Vorinformationen sollten dagegen vorsichtig dosiert werden.

Gemeinsame Besprechungen und Austausch im Projektverlauf

Als günstig haben sich regelmäßige Treffen der beiden Ausbildungsgruppen erwiesen. Hier kann ein Austausch über die Aufgaben und Anforderungen in den jeweiligen Arbeitsbereichen stattfinden, kann die Kostenseite der Schraubstock-Fertigung besprochen und diskutiert werden. Ein weiterer, nicht zu unterschätzender Faktor ist die Gruppenbildung und das Gruppengefühl, das schon in dieser ersten Projektstufe entstehen und gefördert werden kann - als Einstimmung und Vorbereitung für die zweite Projektstufe. Ein weiterer, positiver Effekt: Die Auszubildenden haben in den Besprechungen die Möglichkeit, die Anforderungen und die Kultur des eigenen Berufs aus der "Fremdsicht" der Ausbildungskollegen gespiegelt zu bekommen.

Gemeinsame Präsentation als "Projekt im Projekt"

Als hervorragendes Lernfeld haben sich die Präsentationen erwiesen, für die die eigenen Projekterfahrungen ausgewertet und systematisiert werden mussten. Dies geschah in Form von Vorträgen, visualisiert anhand von Moderationstechniken, durch Diavorführungen und kleine Rollenspiele. Die Auszubildenden äußerten zunächst Abwehr gegen die Präsentation, berichteten aber anschließend von einem deutlich gestiegenen Selbstvertrauen, vor großen Gruppen zu sprechen. Ihre eigene, kritische Auswertung bedeutete ebenfalls für die meisten Auszubildenden ein neue Lernerfahrung: Mängel im eigenen Auftreten zu analysieren und Möglichkeiten einer Verbesserung herauszuarbeiten.

Eine Präsentation sollte in jedem Fall eine Wertschätzung des Projekts in dem Sinne beinhalten, dass auch Mitglieder der Unternehmensleitung, externe Gäste, das Ausbildungspersonal und andere Betriebsangehörige teilnehmen.

Projektstufe 1: Gewerblich-technische Auszubildende im kaufmännischen Bereich

Praxis und "entdeckendes Lernen" vor Theorie

Immer dann, wenn die Auszubildenden in den kaufmännischen Fachabteilungen aktiv mitarbeiten konnten, stellte sich ein hoher Grad von Arbeitszufriedenheit ein. Es hat sich als günstig erwiesen, zunächst kleinere Arbeitsaufträge zu stellen und selbst ausprobieren zu lassen, in welcher Art und Weise dieser Arbeitsauftrag bewältigt werden kann. Eine anschließende theoretische Aufarbeitung der Erfahrungen fiel dann auf fruchtbaren Boden. Bei einer anderen Vorgehensweise - Beginn mit theoretischen Erklärungen, anschließend praktisch ausprobieren lassen - fühlten sich die Auszubildenden zwar sicherer und angstfreier, berichteten aber von aufkommendem Desinteresse in der Erklärungsphase, das auch in der Praxis noch lange angehalten habe.

Reale Arbeitsaufträge wirken motivierend

In den Nachinterviews plädierten die gewerblich-technischen Auszubildenden dafür, in der ersten Projektstufe - Arbeit in den kaufmännischen

Fachabteilungen - möglichst viele, reale Arbeitsaufträge bearbeiten zu dürfen. Diese haben besonders motiviert, sich in die Grundbegriffe des kaufmännischen Denkens einzuarbeiten. Die kaufmännischen Berechnungen bezüglich des Schraubstock-Projekts wurden dagegen mehr als "Füllsel" für Zeiten, in denen in den Fachabteilungen nicht soviel Arbeit anlag, verstanden. Kleinere Marketing-, Vertriebs- und Verkaufsaufträge lassen sich jedoch im Zusammenhang mit dem Schraubstockprojekt sehr gut verbinden.

Computereinsatz wirkt motivierend

Besonders interessant war es, wenn dazu am Computer gearbeitet werden konnte oder direkter Kundenkontakt aufgenommen werden konnte. Besonders die Einkaufs- und Serviceabteilungen (Aufgaben: Bestellungen, Lieferantenvergleiche, Einsatzplanung von Monteuren, Reiseplanung etc.) haben sich dabei als Projektorte bewährt, da die Vorgänge hier gut nachvollziehbar und Aufgaben in kleinere Arbeitspakete aufteilbar sind. Der Schwierigkeitsgrad der Anforderungen lässt sich gut variieren.

Kundenkontakt wird als Herausforderung erlebt

Für die Mehrzahl der Auszubildenden stellte das Telefonieren mit Kunden eine große Herausforderung dar. Mit fremden Menschen über fachfremde Aspekte am Telefon zu sprechen, wurde zunächst als beängstigend, nach einiger Zeit aber als Herausforderung und Genugtuung erlebt. In der ersten Zeit am Telefon ist eine Begleitung durch die Ausbildungspaten oder Fachkräfte notwendig. Auch wenn die Auszubildenden Kunden/Zulieferer selbst besuchen können, erhalten sie einen eigenen Eindruck über das Umfeld des Unternehmens und können bestimmte Aspekte ihrer Arbeit in der Produktion (z.B. in bezug auf Qualität, Termineinhaltung, kostengünstige Produktionsverfahren etc.) besser einordnen. Ein interessantes Projekt ist es in diesem Zusammenhang, Fehlteillisten zu bearbeiten und zu verfolgen. Dazu muss sowohl mit Lieferanten als auch mit innerbetrieblichen Kollegen Kontakt aufgenommen werden.

Reale Arbeitsaufträge müssen geplant und vorbereitet werden

Für die Vorbereitung der ersten Projektstufe wird es notwendig, eine genauere Analyse der Aufgaben, die in den Fachabteilungen von gewerblich-technischen Auszubildenden übernommen werden können, durchzuführen, um "Leerlauf" zu vermeiden. Die zu bewältigenden Arbeiten sollten dabei möglichst in den Abteilungsablauf integriert sein. Dies erfordert für die kaufmännischen Fachabteilungen einen gewissen Planungsaufwand im Vorfeld, der zeitlich und kapazitätsmäßig mit den Arbeitsbelastungen in den jeweiligen Bereichen koordiniert werden muss.

Ein Ansprechpartner sollte für die "Führung" und Begleitung der Auszubildenden zuständig sein

Auch sollte, wie in diesem Modellversuch geschehen, ein Ansprechpartner vor Ort für die Auswahl und Delegation der Aufgaben und die Entgegennahme der Arbeitsergebnisse zuständig sein. Die Funktion der "Ausbildungspaten" - als Berater für aktuelle Fragen - hat sich in dieser Projektstufe als Entlastung für den Auftraggeber bewährt.

Begleittexte für "Erkundungsaufträge" in Leerlaufzeiten

Gewerblich-technische Auszubildende im kaufmännischen Bereich sind oft nicht gewohnt, mit Begleittexten zu arbeiten. Die Arbeit mit diesen bedarf der Anleitung und Beratung durch eine Fachkraft oder den Ausbildungspaten. Als äußerst positiv hat sich die Funktion von Begleittexten für die Überbrückung von Leerlaufzeiten in der Abteilung durch die Bearbeitung von "Erkundungsfragen" erwiesen. Um die Motivation zu erhöhen, sollten damit schon erste Vorarbeiten für die Projektpräsentation verbunden werden.

B) Kaufmännische Auszubildende im gewerblich-technischen Bereich:

Das Schraubstock-Projekt als inhaltliche Klammer

Obwohl in den kaufmännischen Fachabteilungen die Bedingungen der Fertigung eine große Rolle spielte, war die Fertigung eines Schraubstocks in der Lehrwerkstatt für die Auszubildenden eine wichtige Voraussetzung, diese Bedingungen aus dem eigenen Erleben heraus zu verstehen. Die Arbeit an den Maschinen bot eine gute Möglichkeit, die Bedeutung von Sicherheitsbestimmungen kennen zu lernen und deren Einhaltung zu üben. Die hier zu erlernenden technischen Fähigkeiten gaben einen guten Einblick in das gewerblich-technische Berufsfeld. Die Auszubildenden kannten anschließend bestimmte technische Grundbegriffe und konnten an den Maschinen im Betrieb zum Teil schon kleinere, selbständige Arbeiten ausführen. Das Erstellen von Arbeitsplänen für die verschiedenen Einzelteile, die eigenständige Planung der Reihenfolge in der Herstellung und der Herstellungsprozess selbst erwiesen sich als gut geeignet, das notwendige Wissen und Können zu vermitteln, ohne die Auszubildenden damit zu über- oder unterfordern. Die in den Zeichnungen vorgegebenen Toleranzen gaben genug Spielraum, um einerseits kleinere Fehler zuzulassen, andererseits die Passfähigkeit der Einzelteile nicht zu gefährden.

Grundkenntnisse im technischen Zeichnen

Für die Schraubstock-Fertigung als sinnvoll erwiesen hat sich die Vorübung "Zeichnung lesen" für die kaufmännischen Auszubildenden. Sofern Grundkenntnisse im technischen Zeichnen vorliegen, ist der Schwierigkeitsgrad der technischen Zeichnungen und Pläne gut zu bewältigen.

Praxisorientierte Einführung an den Maschinen

Im gewerblichen Bereich hat es sich als günstig erwiesen, mit einer praxisorientierten Einführung an der jeweiligen Maschine zu beginnen. Erst beobachten die Auszubildenden eine Fachkraft, die während der verschiedenen Handgriffe erklärt, was und warum sie etwas Bestimmtes tut. Danach besteht Gelegenheit, selbst erste Handgriffe auszuführen, um anschließend die notwendigen Seiten im Fachbuch lesen und verstehen oder anhand des Begleittextes weiterarbeiten zu können. Anschließend sind die Auszubildenden in der Lage, unter Anwesenheit des Ausbilders oder ihres Ausbildungspaten erste Probestücke zu fertigen.

Begleittexte als Unterstützung selbständigen Arbeitens

Ein Begleittext als Anleitung zur Vorgehensweise unterstützt strukturelles Arbeiten. Er weist u.a. auf verschiedene Informationsquellen hin und ermöglicht selbständigeres Arbeiten, unabhängig vom Ausbilder. Im gewerblichen Bereich sind Arbeitspläne ein wichtiges Arbeitsmittel. Der mit den Begleittexten verbundene Zwang, Arbeitsabläufe zu strukturieren, ließ die Vorgehensweisen und die Arbeitsanforderungen für die "Berufsneulinge" transparenter werden. Vor allem für die Projektphase der kaufmännischen Auszubildenden im gewerblichen Bereich haben sich daher die Begleittexte bewährt.

Ausbildungspaten als Beratung und Unterstützung

Die Begleitung durch Ausbildungspaten hat sich in dieser Phase als sehr nützlich für alle Beteiligten herausgestellt. Die Ausbilder hatten den Vorteil, dass sie sich in Detailfragen zurückhalten konnten. Die Auszubildenden fanden im Ausbildungspaten einen sehr motivierten und engagierten Ansprechpartner, der durch diese Funktion sein eigenes Fachwissen und seine Fähigkeiten zur Anleitung und Beratung weiter vertiefen konnte.

Erfahrungen mit der Durchführung der Projektstufe 2

Instandhaltung als Projektgegenstand

Die Planung und Durchführung einer Instandhaltung hat sich als sehr gut geeignet für ein berufsübergreifendes Projekt erweisen, da hier sowohl gewerblich-technische als auch kaufmännische Aspekte eine Rolle spielen. Umweltschutzaspekte können sehr gut eingebunden werden. Ein solches Projektthema ist sehr praxis- und handlungsorientiert und kommt daher den Interessen der meisten Auszubildenden, sich in der Praxis zu erproben und zu bewähren, entgegen. Auch für kaufmännische Auszubildende ist die Instandhaltung ein sehr interessantes Lernfeld. Die enge Verzahnung von kaufmännischen und technischen Entscheidungen wird hier unmittelbar erfahrbar. Es sind allerdings auch Projekte in anderen Unternehmensbereichen denkbar, sofern sie von den Auszubildenden weitestgehend eigenständig bewältigt werden können.

Teamschulung für Auszubildende

Vor dem Beginn der zweiten Projektstufe ist eine Teamschulung für die Auszubildenden sinnvoll. Dabei sollte es schwerpunktmäßig darum gehen, sich mit den Anforderungen an Teamarbeit und den Kriterien für einen gelingenden Teamprozess vertraut zu machen. Auch eine Rollenklärung der Teilnehmer (Wer hat welche Aufgaben im Projekt) und ihrer Ansprechpartner (Ausbilder, Betreuer vor Ort, Ausbildungspaten), sowie Vereinbarungen und Planungen von Besprechungszeiten , -inhalten und -orten sind in dieser Vorphase sinnvoll.

Einführungstag zum Projektstart

Auch für den Start der zweiten Projektstufe hat sich ein Einführungstag bewährt. Ein optimaler Ablauf könnte darin bestehen, dass kaufmännische und gewerblich-technische Auszubildende für die Dauer von ein bis zwei Tagen mit einem erfahrenen Instandhalter "mitl aufen" und die wesentlichen Aspekte dieser Dienstleistung kennen lernen. Entscheidend ist, dass die Auszubildenden einen Eindruck vom Tätigkeitsfeld und den notwendigen Qualifikationen eines Instandhalters bekommen.

Auswertungs- und Planungsgespräche als unerlässliche Elemente

In der Regel geraten im Projektverlauf - "im Eifer des Gefechts" - die übergreifenden Ziele des Projekts - berufsübergreifende Kooperation, Teamarbeit erproben, systematische Arbeit, Dienstleistung gegenseitig - leicht aus dem Blick. Daher ist es wichtig, dass die Ausbildungsverantwortlichen diese Ziele immer wieder ansprechen und die Entwicklung des Projektteams begleiten. Als besonders lernhaltig hat sich die Offenlegung von Planungsprozessen im Team entschieden: "Wann haben Sie überlegt, und warum haben sie entschieden, dass in dieser und jener Weise weiter gearbeitet werden soll? Die meisten Auszubildenden sind es nicht gewohnt, ihre Arbeit von einer Meta-Ebene aus zu reflektieren, daher ist auch eine regelmäßige Zwischenreflexion der Arbeits- und Lernerfahrungen notwendig[12]. Durch diese Gruppenbesprechungen kann auch der Gefahr vorgebeugt werden, die selbständige Arbeit im Projekt mit "alleine lassen" zu verwechseln. Wenn auf diese Weise Interesse an den Arbeitsergebnissen und dem Projektverlauf signalisiert wird, kann auf Dauer eine hohe Motivation der beteiligten Auszubildenden gewährleistet werden. Es sollte jedoch darauf geachtet werden, dass die Besprechungen eine maximale Dauer von ca. 1-1/2 Stunden nicht überschreiten.

Ausbildungspaten als Moderatoren von Gruppengesprächen

Auch in der zweiten Projektstufe hat sich das "Projekt im Projekt" - die Präsentation und Dokumentation der Arbeits- und Lernerfahrungen - bewährt. Eine schrittweise Vorbereitung erfolgte in den regelmäßig stattfindenden Auswertungs- und Planungsgesprächen. Diese wurden von den "Ausbildungspaten", z. T. unter Beteiligung anwesender Ausbilder, moderiert. Deutlich zeigte sich hier ein wichtiges Element betrieblicher Personalentwicklung. Den "Paten" - Auszubildenden höherer Jahrgänge - wurde deutlich, was es bedeutet, Gruppengespräche und -prozesse zu steuern. Ein Reflektion des eigenen Gesprächs- und Führungsverhaltens in Gruppen wurde ermöglicht und die eigenen Potentiale und weiteren Entwicklungsmöglichkeiten konnten im Gespräch mit den Ausbildern analysiert und ausgelotet werden.

Allgemeine Empfehlungen

Projektkoordinator oder Steuergruppe

Für einen reibungslosen Ablauf der beiden Projektstufen ist eine gute Kooperation zwischen der gewerblich-technischen und der kaufmännischen Berufsausbildung, sowie den betrieblichen Einsatzplätzen notwendig. Eine frühzeitige Information und Beteiligung aller Funktionen ist ebenso wichtig, wie gemeinsame Vorbereitungstermine zur Konzeptentwicklung und den notwendigen Absprachen zwischen den Beteiligten. Notwendig wird eine Person oder eine (Lenkungs-)Gruppe, die das Gesamtprojekt steuert und koordiniert.

Ausbilderschulungen in den Vorphasen der beiden Projektstufen

Lässt sich auch die gemeinsame Projektplanung und -vorbereitung als wichtiger Schulungsbaustein für das Ausbildungspersonal betrachten, so kann es sich dennoch als sinnvoll erweisen, ergänzende und vorbereitende Ausbilderschulungen zu den Themen: neue Ausbildungsmethoden und

Veränderungen der Ausbilderrolle; Umgang mit Gruppen und Moderation von Gruppenbesprechungen; Projektmanagement; Umgang mit Konflikten u.ä. durch zu führen.

Anforderungs- und Qualifikationsanalysen im Vorfeld

Gerade die gewerblich-technischen Auszubildenden müssen in der Regel erst allmählich an selbständiges Arbeiten herangeführt werden. Bewährt hat es sich in diesem Projekt, zunächst "vorzuleben", wie selbständiges Arbeiten funktioniert. Unerläßlich ist aber auch, dass die Projektaufgaben das individuelle Leistungsvermögen der Auszubildenden berücksichtigen. Gegebenenfalls müssen die Anforderungen während des Projekts modifiziert und angepasst werden. Im Vorfeld beider Projektstufen sollte eine Projektanforderungsanalyse im Abgleich mit einer Qualifikationsanalyse der Auszubildenden erstellt werden.

Beteiligung der Auszubildenden an der Auswahl des Projektauftrags

In der zweiten Projektstufe sind die Auszubildenden in der Regel hochmotiviert, verantwortlich und in Eigenregie ein betriebliches Projekt durchzuführen. Um der Gefahr von Unter- oder Überforderung vorzubeugen, ist es daher sinnvoll, den Projektgegenstand und auch die Formulierung des Projektauftrags gemeinsam mit den Auszubildenden zu entwickeln. In der Regel trauen diese sich mehr Problemlösungskompetenz zu, als ihnen von ihren Ausbildern und Ausbilderinnen zunächst zugestanden wird. Sollte eine gemeinsame Projektformulierung nicht möglich sein, empfiehlt es sich, die regelmäßigen Zwischenreflexionen als Ausgangsbasis für eventuelle Veränderungen, Modifikationen oder Erweiterungen des Projektauftrags zu nutzen.

Einbindung der Berufsschule in das Gesamtprojekt

Die Einbindung der Berufsschulen in die Projektarbeit ist sinnvoll und kann die fachlich-fachübergreifenden Projektziele wesentlich unterstützen. An mehreren Modellversuchsstandorten haben die zuständigen Berufsschullehrer großes Interesse an den beiden Projektstufen geäußert. Signalisiert wurde die Bereitschaft, im Berufsschulunterricht vorbereitende oder nachbereitende Elemente für die Projektstufen zu integrieren. Ein Berufsschullehrer hat eine komplette Unterrichtseinheit zum "Schraubstock-Projekt" entwickelt und mit seiner Klasse anschließend einen Erkundungsbesuch an einem der anderen Standorte durchgeführt. Bei der Tochterfirma des Trägers hat ein Berufsschullehrer den Einführungstag mit den Auszubildenden gestaltet und ein Planspiel durchgeführt, das in die Grundbegriffe des kaufmännischen Denkens einführte.

Sechs Bedingungen für die Übertragbarkeit des Konzepts

Auswirkungen der organisatorischen Rahmenbedingungen an den vier Standorten

Der Modellversuch hat das Konzept der *flexiblen Lerninseln auf Zeit* an vier Standorten erprobt, um die Frage der Übertragbarkeit dieses Konzepts auf Firmen unterschiedlicher Betriebsgrößen zu überprüfen. Dabei interessierte besonders die Frage der Übertragbarkeit dieses Konzepts auf Klein- und Mittelbetriebe.

Deutlich stellte sich heraus, dass für die Übertragbarkeit dieses Konzepts mindesten sechs Bedingungen gegeben sein müssen,wobei nicht alle mittlere und kleine Unternehmen diesen genügen können:

1. Eine deutliche Ausrichtung der Unternehmensorganisation und der Management-Konzepte in Richtung *Lernende Organisation*: schlanke Strukturen, geringe Zentralisierung, Qualitätsmanagement und Kundenorientierung sind dabei wichtige Strukturelemente. Sie können den Boden bereiten, auf dem sich das Ausbildungssystem im Sinne der Unternehmensziele als interner Dienstleister anbieten und profilieren kann.

2. Eine Ausbildungsstruktur, die personelle Ressourcen für die Projektplanung und -vorbereitung gewährleistet, bspw. in Form einer explizit benannten Ausbildungsleitung, einer Projektleitung oder einer Steuergruppe, die reale Betriebsprojekte koordiniert.

3. Transparente Rollen, Funktionen und Kompetenzen der haupt- und/ oder nebenberuflichen Ausbilder und Ausbilderinnen in bezug auf Ausbildungsverantwortung, Ausbildungsplanung und vorausschauende Ausbildungsorganisation; Möglichkeit zu übergreifender Kooperation mit anderen Berufsgruppen; Eigenaktive Projektvorauswahl und Vorschlagsrecht gegenüber der Betriebsleitung; Zeitliche Ressourcen für die Beratung und Begleitung der Auszubildenden; Aufsichts- und Weisungsbefugnis gegenüber den Auszubildenden; Kompetenz zur Installierung von Besprechungssystemen bezüglich Ausbildungsfragen und die zugestandene Kompetenz zur Beurteilung der Auszubildenden;

4. Ein Bewusstsein über die Bedeutung von Ausbildung für die betriebliche Personalentwicklung und ein Bewusstsein über deren Bedeutung für die Entwicklung des Unternehmens: die Rolle der Ausbildung als

"change-agent" oder als Motor für Innovation im Betrieb wird zwar immer wieder propagiert, kommt aber selten wirklich zum Tragen;

5. Die Bereitschaft und die dazugehörigen finanziellen und zeitlichen Ressourcen, über fachbezogene Qualifizierungsmaßnahmen hinaus in die Führungskompetenz von Ausbildungspersonal zu investieren;

6. Eine Unternehmenskultur, die offen ist für berufs- und schnittstellenübergreifende Kooperation und unbürokratische Formen der dezentralen Steuerung und Selbstorganisation.

Das Zusammentreffen dieser Bedingungen war in vollem Umfang nur am ersten und vierten Standort des Modellversuchs gegeben:

1. Die Trägerfirma und ein weiteres Unternehmen befanden sich zum Zeitpunkt des Modellversuchs in einer Phase der Umstrukturierung und Neuorientierung der Produktion in Richtung Team- und Gruppenarbeit sowie Qualitätsmanagement.

2. Beide Firmen verfügten über eine transparente Ausbildungsstruktur mit einer explizit benannten Ausbildungsleitung und haupt- und nebenamtlichem Ausbildungspersonal. Beide Firmen verfügten über eine Ausbildungswerkstatt.

3. In beiden Firmen waren die Rollen und Funktionen, die Verantwortung und Kompetenz der Ausbildungsleitung und des Ausbildungspersonals geklärt. Es bestand die Befugnis, aus der Perspektive der Ausbildungsabteilung berufsübergreifende Kontakte und Kooperationsformen zwischen gewerblich-technischem und kaufmännischen Bereichen zu initiieren und betriebliche Projekte auszuwählen und vorzuschlagen;

4. In beiden Ausbildungsabteilungen war Personalentwicklung ein Begriff und es bestand ein ausgeprägtes Bewusstsein über die Bedeutung von Ausbildung als erster Stufe betrieblicher Personalentwicklung.

5. In beiden Firmen waren personelle und zeitliche Ressourcen verfügbar, um sie in die führungsbezogene Weiterqualifizierung der haupt- und nebenamtlichen Ausbilder und Ausbilderinnen zu investieren;

6. In beiden Firmen war eine Unternehmenskultur wahrnehmbar, in der es möglich war, selbststeuernde Gruppen, z. B. in der Kooperation

zwischen gewerblich-technischen und kaufmännischen Ausbilder und Ausbilderinnen zu initiieren. Beide Firmen waren aus dem Bewusstsein der anstehenden Veränderungen heraus offen und interessiert an berufsübergreifender Kooperation.

Beide Firmen erklärten nach Beendigung der Modellversuchsphase in ihrem Unternehmen, dass sie aufgrund der positiven Erfahrungen mit der Durchführung des Modellversuchs interessiert und bereit seien, beide Projektstufen und die damit verfolgten, berufsübergreifenden Ausbildungsziele in ihre Regelausbildung zu übernehmen. Dies geschieht mittlerweile unbürokratisch und mit weit geringerem Vorbereitungsaufwand, als es für den Modellversuch als Pilotprojekt notwendig war.

Betrachtet man dagegen die Bedingungen eines anderen, beteiligten Unternehmens, so werden hier einige Erschwernisse deutlich, berufsübergreifendes Lernen in der Kultur des Ausbildungssystems zu verankern.

1. In diesem Unternehmen fand zum Zeitpunkt des Modellversuchs Kurzarbeit statt. Ein gewisser Schrumpfungsprozess deutete sich an, bei dem nicht klar war, in welchem Ausmaß sich das Unternehmen noch zukünftig in Sachen Ausbildung engagieren würde. Eine eindeutige Neuorientierung der Unternehmensorganisation und der bestehenden Management-Konzepte war zu diesem Zeitpunkt - aus der Perspektive der Berufsausbildung - noch nicht absehbar. Das betriebliche Ausbildungssystem befand sich in einer Art "Warteposition" bei der noch nicht erkennbar war, welche Dienstleistungen in Zukunft für das Unternehmen benötigt werden würden. Das Projekt mit seinen Zielen konnte in die Unternehmenspolitik nicht eingeordnet werden.

2. Aufgrund der noch uneindeutigen unternehmenspolitischen Ausrichtung konnten auch keine definitiven Entscheidungen über personelle/zeitliche Ressourcen für das Projekt getroffen werden. Viele der notwendigen Vorbereitungs-, Auswertungs- und Planungsaktivitäten wurden daher von der wissenschaftlichen Begleitung und der Projektleitung durchgeführt - als "externe Beraterleistungen", die aber nicht zur Installierung von Selbststeuerungssystemen in der Ausbildung führten.

3. Die bestehende Ausbildungsstruktur verfügte über eine Ausbildungsleitung im gewerblich-technischen Bereich und eine Gesamtkoordinatorin der Ausbildung für den kaufmännischen Bereich. Die Unterschiede zwischen beiden Funktionen und die damit verbunde-

nen Kompetenzen und Zuständigkeiten waren Außenstehenden und auch internen Projektbeteiligten im Modellversuchsverlauf nicht transparent. Die Struktur des Ausbildungssystems ließ nicht erkennen, wer in Bezug auf Veränderungen in der Ausbildung welche Entscheidungen treffen konnte. Für die Abwicklung des "Alltagsgeschäfts" war dies kein Problem - kritisch wurden diese Aspekte erst, als die für den Modellversuch notwendigen Veränderungen und Innovationen anstanden.

4. Die vorliegende Situation im Unternehmen führte dazu, dass betriebswirtschaftliche Konzepte und Argumentationen im Vordergrund standen und "Personalentwicklung" als nachgeordnetes Thema oder aktuell "zu vernachlässigende Größe" empfunden wurde. Eine innere Ausrichtung des Ausbildungssystems als wichtiges Element der betrieblichen Personalentwicklung hatte bisher nicht stattgefunden und konnte zum Zeitpunkt des Modellversuchs auch nicht erfolgen.

5. Es bestand im Ausbildungssystem noch keine eindeutige Haltung gegenüber eigenen, pädagogischen Qualifizierungsmaßnahmen für das Ausbildungspersonal. Dies hätte eine veränderte Ausrichtung der Ausbildung oder der betrieblichen Personalentwicklungsziele vorausgesetzt. Viele Ausbildungsansätze ließen - evtl. aufgrund der im Unternehmen noch bestehenden, hierarchisch geprägten Unternehmenskultur - einen Überhang der klassischen Unterweisung mit ersten Tendenzen in Richtung Selbststeuerung erkennen.

6. Im Ausbildungssystem - beim beteiligten Ausbildungspersonal - war ein ausgeprägtes Abteilungsdenken erkennbar, das zwischen dem gewerblich-technischen und dem kaufmännischen Ausbildungsbereich nur für die Dauer des Modellversuchs notdürftig überbrückt werden konnte. Die Unternehmenskultur erwies sich noch stark von hierarchisch geprägten Führungs- und Entscheidungsmustern geprägt. Die schnittstellenübergreifende Kooperation und die "Selbstorganisation" zwischen Ausbildungssystem und Produktion geriet an ihre Grenzen, als es darum ging, eine Maschine für eine befristete Reparaturzeit in der Produktion aufzustellen. Dazu bedurfte es massiver Interventionen der wissenschaftlichen Begleitung und der Projektleitung des Modellversuchs, bis hin zu Gesprächen mit der Unternehmensleitung.

Hinsichtlich der Weiterführung der Modellversuchselemente wurden hier nur Tendenzen erkennbar, den gegenseitigen "Abteilungstausch" im ersten Ausbildungsjahr regelmäßig durchzuführen. Über die Durchführung eines gemeinsamen, berufsübergreifenden Projektes könne von Fall zu Fall entschieden werden, je nach vorliegenden Möglichkeiten in der Produktion.

Das von der Beschäftigtenanzahl vergleichsweise "kleinste" Unternehmen im Modellversuchsverbund war ein Familienunternehmen, in dem der "Pionier" durch Mitglieder der Familie abgelöst worden war. Auch hier lagen erschwerte Bedingungen für die Durchführung von berufsübergreifenden Ausbildungsprojekten vor.

1. Die Unternehmensstruktur war klassisch hierarchisch gegliedert: Der Geschäftsführung waren der Betriebsleiter, diesem die Meister und Facharbeiter im Produktionsbereich unterstellt. Im Verwaltungsbereich waren der Geschäftsführung einzelne Abteilungsleitungen und Sachbearbeiter unterstellt. Aufgrund seiner starken Position auf dem internationalen Markt (qualitativ hochwertiges, konkurrenzloses Produkt) und auch aufgrund der überschaubaren Unternehmensgröße bestand zum Zeitpunkt des Modellversuchs keine Notwendigkeit, einen organisationsbezogenen Entwicklungsprozess einzuleiten und damit neue Orientierungen für die betriebliche Ausbildung zu entwickeln.

2. Die bestehende Ausbildungsstruktur war organisch gewachsen. Einer der beiden Geschäftsführer trug die Verantwortung für Personalangelegenheiten. Die Ausbildungsleitung oblag dem Betriebsleiter, die Ausbildungskoordination und die Betreuung der Auszubildenden erfolgte im gewerblich-technischen Bereich durch einen nebenberuflich ausbildenden Facharbeiter, im kaufmännischen Bereich durch die nebenberuflich ausbildenden Sachbearbeiter. Aufgrund der bestehenden Auftragssituation und Auslastung des Unternehmens war die personelle Kapazität zur Planung und Vorbereitung der beiden Projektstufen äußerst dünn. Zwei Ausbilder waren als Projektverantwortliche benannt, ohne dafür zeitliche Ressourcen zur Verfügung gestellt zu bekommen. Dem bestehenden Ausbildungssystem stand kein systematisches Planungsinstrumentarium zur Verfügung, mit dem Veränderungen im Ausbildungsablauf prospektiv gesteuert werden konnten. Längerfristige ausbildungsorganisatorische Aspekte, die z.B. die Durchführung der zweiten Projektstufe berührten (Prüfungstermin), wurden im Rahmen des Modellversuchs "ad hoc" bekannt und führten zu kurzfristigen Veränderungen des geplanten Konzepts.

3. Den nebenberuflichen Ausbildern und Ausbilderinnen waren ihre

Verantwortung, ihre Funktion und ihre Kompetenzen in Bezug auf die fachübergreifenden Aspekte der Ausbildung und ihre eigenen Zuständigkeiten im Projektverlauf nicht transparent. Alle Entscheidungs- und Weisungsbefugnisse in Bezug auf die Ausbildung und die Auszubildenden lagen bei der Betriebsleitung. Dies wurde vor allem bei Abweichungen von der Regelausbildung relevant, die im Projektverlauf notwendig wurden, z. B. bei den notwendigen Entscheidungen über Projektaufgaben und -termine, die von der Betriebsleitung "ad hoc" gefällt wurden.

4. Im Unternehmen wurde vorwiegend für den eigenen Bedarf ausgebildet. Dabei verfügten die ausbildenden Fachkräfte durchaus über ein Bewusstsein der eigenen Dienstleistung für das Unternehmen. Diese Dienstleistung orientierte sich an der Maßgabe, die Nachwuchskräfte für die bestehenden fachlichen Anforderungen, die bestehende Organisationskultur und die bestehenden Strukturen zu qualifizieren. Entwicklungsziele oder auch Veränderungsbedarf der Organisation waren in diesen Maßnahmen zur internen Personalentwicklung nicht verankert und auch nicht absehbar. Die Notwendigkeit einer stärkeren Ausrichtung an team- und bereichsübergreifender Projektarbeit war daher nicht erkennbar.

5. Aufgrund der hohen Auslastung des Unternehmens standen nur wenig zeitliche Ressourcen im Unternehmen zur Verfügung, in die pädagogischen Qualifikationen und die "Führungskompetenzen" des Ausbildungspersonals zu investieren.

6. Die Unternehmenskultur erwies sich noch stark von der "Pionierphase" geprägt: Wenig Transparenz der Abläufe, Funktionen und Arbeitsbereiche untereinander, abteilungsbezogene Gliederungen mit scharfen Schnittstellen, auch zwischen gewerblich-technischer und kaufmännischer Berufsausbildung, kaum etablierte Elemente von Dezentralisierung und Selbstorganisation zwischen den Abteilungen und Arbeitsbereichen, bspw. im Sinne ineinandergreifender Informations- und Besprechungssysteme.

Obwohl die beteiligten Auszubildenden und Ausbilder/innen die Erfahrungen mit der Durchführung beider Projektstufen positiv bewerteten, wurden die Chancen, Elemente des Modellversuchs in die Regelausbildung zu übernehmen, als gering eingeschätzt. Aufgrund der hohen Praxisorientierung der Ausbildung, die ja ausschließlich in den Fachabteilungen und der Produktion stattfindet, bestehen in diesem und ähnlichen Unternehmen ausgeprägte Möglichkeiten zu aktiver, eigenverantwortlicher, produktiver Mitarbeit, ebenso wie die Möglichkeit für Auszubildende, eigene kleinere Projekte im eigenen Fachgebiet selbständig zu realisieren. Berufsübergreifendes Lernen und berufsübergreifende Projekte werden in einem solchen Unternehmen allerdings nur realisiert werden können, wenn entsprechende Veränderungen in der Unternehmensorganisation und -kultur Platz greifen.

Für welche Organisationen eignet sich die "flexible Lerninsel auf Zeit"?

Zusammenfassend lässt sich aus den Erfahrungen mit der Durchführung der *flexiblen Lerninsel* auf Zeit folgern, dass sich dieses Konzept für einen bestimmten Typ von Unternehmen - unabhängig von der Betriebsgröße - eignet.

- Unternehmen, die einem gewissen "Veränderungsdruck" ausgesetzt sind und diese Chance wahrnehmen, dem Veränderungsdruck durch interne Organisationsentwicklungen und -veränderungen adäquat zu begegnen;
- Unternehmen, die über mindestens drei Auszubildende unterschiedlicher Berufsrichtungen verfügen;
- Unternehmen, die bereit sind, eine gewisse Zeit und begrenzte Energien in die eigene Personalentwicklung zu investieren und auch Ausbildung als wichtiges Element und erste Stufe der betrieblichen Personalentwicklung verstehen;
- Unternehmen, die über angemessene, personelle Ressourcen zur Projektplanung, -koordinierung und -begleitung verfügen;
- Unternehmen, die auf Dezentralisierung von organisatorischen Einheiten, und Selbststeuerungsmechanismen setzen und diese auch in Teilsystemen unterstützen und fördern (bspw. zwischen gewerblicher und kaufmännischer Berufsausbildung);
- Unternehmen, denen ständige Verbesserungen und Weiterentwicklung ein Anliegen ist und in denen es daher möglich ist und begrüßt wird, auch aus Fehlern zu lernen;
- Unternehmen, die dahingehend lernfähig sind - oder es lernen wollen , für neue Aufgaben und Herausforderungen flexible und transparente "Steuerungssysteme" einzurichten und zu vereinbaren;
- Unternehmen, in denen die Geschäftsführung sich für die Belange der Ausbildung interessiert und einsetzt.

Weiterführung der Aktivitäten in den beteiligten Unternehmen

Für zwei der beteiligten Unternehmen bedeutete die "Lerninsel auf Zeit" einen Meilenstein - hin zu einem flexiblen, dienstleistungsorientierten Ausbildungskonzept. Etliche Schulungsmaßnahmen, die im Rahmen des Modellversuchs durchgeführt wurden, dienten der Vorbereitung des Ausbildungspersonals auf neue, veränderte Anforderungen und ein verändertes Rollenverständnis. Der Projektgedanke wurde weiterentwikkelt und führte zu neuen Projektideen und weiterführenden Maßnahmen im Ausbildungsangebot der Unternehmen.

Gerade beim Modellversuchsträger wurden für die Durchführung einer solchen Maßnahme Voraussetzungen angetroffen, die im Vergleich mit verschiedenen anderen Unternehmen als geradezu idealtypisch bezeichnet werden konnten. Beide Berufsgruppen - gewerblich-technische und kaufmännische Ausbilder - hatten schon intensive kollegiale Kontakte durch gemeinsame Weiterbildungen, Konferenzen, Fachtagungen und die räumliche Nähe zwischen "Werkbüro" und Ausbildungswerkstatt. Starke Protagonisten setzten sich für die Durchführung des Projekts und begleitende Qualifizierungsmaßnahmen für das Ausbildungspersonal ein. Der Ansatz, Ausbildung als erste und äußerst wichtige Stufe betrieblicher Personalentwicklung zu betrachten, und sich insofern als "Dienstleister" für das Unternehmen zu verstehen, war bei einigen Ausbildern und Ausbilderinnen, der Ausbildungsleitung und der Projektleitung schon explizit ausformulierte Idee. Liegen diese Voraussetzungen nicht vor, muss im Vorfeld von berufsübergreifenden Projekten viel Überzeugungsarbeit mit den Ausbildern und Ausbilderinnen geleistet werden.

Aufgrund der positiven Erfahrungen mit der Durchführung der beiden Projektphasen wurden nach deren Ablauf im Ausbildungsbereich des Trägers Veränderungen eingeführt bzw. geplant. Das "Schraubstock-Projekt" wird weiterhin für die kaufmännischen Auszubildenden durchgeführt und in einer erweiterten Form auch für die gewerblich-technischen Auszubildenden. Bei diesen ersetzt es die Grundlehrgänge im Drehen, Fräsen, Feilen, Schlossern. Die Ausbildungspaten sollen beibehalten werden. Für die gewerblich-technischen Auszubildenden sollten jeweils Ausbildungsphasen in den kaufmännischen Fachabteilungen angeboten werden. Angestrebt wird auch eine stärkere, fachübergreifende Kooperation der verschiedenen Ausbildungsgewerke in den Metall- und Elektroberufen.

Um "Projektlernen" stärker in der Ausbildung zu verankern, haben die Ausbilder und Ausbilderinnen Arbeitskreise gebildet, in denen "lernhaltige" Realprojekte ermittelt und in Kooperation mit nebenberuflichen Ausbildern und Ausbilderinnen vor Ort vorbereitet werden sollen.

Ergebnisse eines gemeinsamen Brainstormings, kurz nach Abschluss des Modellversuchs an diesem Standort, waren:

Mögliche Projektformen

Folgende Projektformen könnten aufeinander aufbauend oder in unterschiedlichen Formen der Verknüpfung und Vernetzung kennen gelernt werden: Grundlagenprojekt in der beruflichen Grundbildung, vom Umfang und den Inhalten differenziert nach Fachgruppen, die die Ausbildungsverordnung abdecken; Fachprojekte in der beruflichen Fachbildung, indem Ausbildungsberufe Projekte im eigenen Fachbereich durchführen; Fachübergreifende Projekte zwischen unterschiedlichen Berufsgruppen, die über die eigene Fachlichkeit und die Ausbildungsverordnung hinausgehen.

Projekte in der Ausbildungswerkstatt

- Mögliche Veränderungen der Grundausbildung: Teamarbeit schon in der Grundausbildung einführen. Auszubildende lernen als Team Grundfertigkeiten an Projekten, statt an Übungsstücken.
- "Berufsübergreifende" Ausbildungselemente einbeziehen, z.B. indem Ausbildungspläne entwickelt werden die ermöglichen, dass technische Zeichner die gezeichneten Teile auch selbst drehen.
- Sporadische Projektarbeit in der Ausbildungswerkstatt einführen, z. B. die Bearbeitung betrieblicher Aufträge.

Projekte im Betrieb

- Weiterhin gemeinsame Projekte von Auszubildenden unterschiedlicher Berufsgruppen im Betrieb durchführen lassen, bspw. im Bereich Instandhaltung, in der Produktion, im Lager, auf Montage.
- Planung und Vorbereitung von Betriebsprojekten in enger Kooperation zwischen haupt- und nebenamtlichen Ausbildern/betrieblichen Ausbildungsbetreuern.
- Wöchentliche Gruppenbesprechungen zwischen Auszubildenden und Ausbilder/innen einführen, um die "Steuerung" von selbständig arbeitenden Teams zum Planen und Auswerten von Ausbildungs- und Projekterfahrungen zu ermöglichen.
- Höhere Ausbildungsjahrgänge als "Paten" für jüngere Auszubildende

einsetzen. Diese Rolle könnte das Bindeglied bilden zwischen den Ausbilder/innen und den Auszubildenden und selbstgesteuertes Lernen der Projektteams unterstützen.
- Präsentationen von Projekterfahrungen durch die Auszubildenden vor betrieblichen Führungskräften durchführen lassen.

Betriebsübergreifende Projekte:
- Ausbildungspartnerschaften mit anderen Unternehmen bilden, um betriebsübergreifende Projekte zwischen Auszubildenden gleicher oder unterschiedlicher Berufsgruppen absolvieren zu können. So könnten z.B. Auszubildende im gleichen Ausbildungsberuf für eine gewisse Zeit in einem anderen als dem eigenen Ausbildungsunternehmen eingesetzt werden.

Qualifizierung des Ausbildungspersonals
- Systematisches, eigenes Erkunden verschiedener Betriebsbereiche durch das Ausbildungspersonal, um Projekte gezielt planen und vorbereiten zu können, aber auch zur Selbstqualifizierung zwischen haupt- und nebenamtlichen Ausbilder/innen. Kontinuierliche Information der betrieblichen Ausbildungsbetreuer über Entwicklungen, Veränderungen, Themen und Projekte in der Ausbildung.
- Erstellung von kontinuierlichen Arbeitsplatz- und Anforderungsanalysen durch die hauptamtlichen Ausbilder, um eine systematische Erfassung von möglichen Betriebsprojekten und ihren Abgleich mit den Ausbildungsplänen zu ermöglichen. Dadurch kann auf die Dauer ein "Projektpool" für den Qualifikationsstand unterschiedlicher Ausbildungsstufen geschaffen werden.
- Ausbilder zum "coaching" der Paten und auch zur Beratung von betrieblichen Ausbildungsbeauftragten qualifizieren;

Weiterführende Personalentwicklung für die Auszubildenden
- Begleitung der Auszubildenden nach bestandener Prüfung noch in den Betrieb hinein;
- Zertifikate erstellen über die Absolvierung bestimmter Projekte, mit Angaben fachlicher und fachübergreifender Projektinhalte;
- Gezielte systematische Förderung aufgrund der Projekt- und Ausbildungserfahrungen;
- Engere Verzahnung der Ausbildung mit der betrieblichen Weiterbildung und Personalentwicklung.

Eine wichtige Voraussetzung für die angestrebte Vernetzung und Verzahnung zwischen den Lernorten ist, dass zwischen den betrieblichen Einsatzstellen/möglichen Projektstandorten und der Ausbildungswerkstatt eine wechselseitige Kunden-Lieferanten-Beziehung entsteht: Die Betriebsbereiche liefern Aufträge für Ausbildungsprojekte, der Ausbildungsbereich liefert die dazu passenden Ausbildungsjahrgänge und Teams für die betrieblichen Einsatzstellen. Notwendig wird aber auch ein stärkeres Kunden-Lieferanten-Bewusstsein zwischen Ausbildungssystem und Betrieb: Die Ausbildung liefert dem Unternehmen bzw. den verschiedenen Unternehmensbereichen qualifizierten und motivierten Nachwuchs nach Abschluss der Ausbildungszeit, das Unternehmen liefert der Ausbildung Entwicklungsziele und -kriterien, die in der Ausbildung berücksichtigt werden sollten.

Als "Kunde" der Ausbildungsabteilung könnte sich auch eine bestehende Abteilung Personalentwicklung verstehen, die auf der hier begonnenen, individuellen Potentialermittlung und -förderung systematisch aufbauen und die jungen Berufsanfänger gezielt in ihrer weiteren Entwicklung fördern könnte. Als eine wichtige Voraussetzung zur Verzahnung der Schnittstellen zwischen Aus- und Weiterbildung und Personalentwicklung erweist sich damit eine gemeinsame Organisationsentwicklung des betrieblichen Bildungssystems.

Die Ausbildungsabteilung der Trägerfirma arbeitet aktiv auf einen solchen Entwicklungsprozess hin, um die eigene Dienstleistung systematischer in die Unternehmensentwicklungen einzubinden und stärker als Element von Personalentwicklung verankern zu können.

Im folgenden Abschnitt schildern Ute Schmoldt-Ritter und Doris Wenzel, beide Projektleiterinnen in zwei beteiligten Firmen, den internen Entwicklungsprozess der Ausbildungsabteilung - hin zu einer stärkeren Dienstleistungsorientierung und über die Qualifizierungsprozesse des Ausbildungspersonals.

Ute Schmoldt-Ritter: Auswirkungen des Modellversuchs auf die Qualifikationen und die Dienstleistungsorientierung des Ausbildungspersonals

In der anliegenden Auswertung steht die Rolle des Bildungspersonals (Ausbilder und Projektleiter) im Mittelpunkt, obwohl der Modellversuch selbst auf den Erwerb von berufsübergreifenden Handlungskompetenzen der kaufmännischen und gewerblich-technischen Auszubildenden zielte. Warum diese veränderte Betrachtung?

- Das Bildungspersonal muss Ziele formulieren und in den Betrieb transferieren;
- Das Bildungspersonal ist Dienstleister für den Betrieb und steht für die Qualität der Nachwuchskräfte;
- Das Bildungspersonal muss die Handlungsfelder für Qualifizierungsmaßnahmen im eigenen Hause erkennen;
- Das Bildungspersonal muss Konzepte zur Umsetzung entwickeln;
- Die *Lernende Organisation* beginnt in der Ausbildung und diese steht und fällt mit der Rolle des Ausbilders.

Wenn ich noch einmal den Verlauf des Modellversuchs rekonstruiere, so begann dieser mit einer Anfrage durch das wissenschaftliche Begleitinstitut. Ein Konzept zur Durchführung lag vor, und es wurden Unternehmen gesucht, die bereit waren, einen "Versuchsstandort" zu stellen. Beteiligte an einem gemeinsamen Gespräch in dieser Entscheidungsphase waren:

- Der Personalleiter
- Der Ausbildungsleiter
- Die hauptamtlichen Ausbilder und Ausbilderinnen

Eigentlich handelte es sich bei diesem Gespräch um ein "Verkaufsgespräch": Das wissenschaftliche Begleitinstitut stellte die Hintergründe des Modellversuchskonzepts, die Ziele und die grobe Struktur vor und legte dar, welche Vorteile für das Unternehmen und die Ausbildung dadurch erwartet werden konnten. Unter den Ausbildern und Ausbilderinnen herrschte eine positive Grundstimmung, viel Motivation für das Projekt war vorhanden. Es erfolgte eine positive Entscheidung und erste Absprachen über die Aufgaben- und Rollenverteilung zwischen dem wissenschaftlichen Begleitinstitut und der Ausbildungsabteilung.

Die Qualifikationen, die das Bildungspersonal in dieser Situation benötigte:

- Bewertung eines Konzepts in Bezug auf seine methodisch-didaktische Anlage
- Abschätzung der Innovationsmöglichkeiten im eigenen Hause
- Einschätzung der Kosten-Nutzen-Relation für das Unternehmen
- Prüfung der Kapazitäten in der Ausbildungsabteilung für die Durchführung eines solchen Projekts

Ein interner Diskussionspunkt zwischen den Beteiligten war zu diesem Zeitpunkt die Frage, ob ein innovatives Ausbildungskonzept übernommen werden kann, auch wenn es nicht selbst entwickelt wurde.

Zunächst erfolgte die Vorbereitung der ersten Projektstufe mit der Feinabstimmung zu den Inhalten, der Entscheidung über die Lernorte und die beteiligten Ausbilder und Teilnehmer. Pädagogische Leitlinien wurden vereinbart, die für die Dauer des Projekts für alle gelten sollten; die Rolle der Paten wurde definiert und Begleittexte wurden erarbeitet. Diese Vorarbeit erfolgte in Arbeitskreisen, aber auch in Einzelarbeit, um Aufträge aus dem Arbeitskreis abzuarbeiten.

Beteiligte waren:

- Eine Ausbilderin als Projektleitung
- Mitarbeiter und Ausbildungsbeauftragte aus den verschiedenen Fachbereichen
- Führungskräfte aus den Fachabteilungen
- Ein Vertreter des wissenschaftlichen Begleitinstituts (Modellversuchsbetreuer)

Der Prozess entfaltete seine eigene Dynamik. Es wurden eine Reihe von Erwartungen an den externen Modellversuchsbetreuer geäußert. Man erwartete Information, Vorgaben, Erläuterungen zum Vorgehen, Hinweise, wie man ein solches Projekt "richtig aufziehen" könne. Die als Koordinatorin eingesetzte Projektleitung wurde von den Ausbildungskollegen kritisch betrachtet. Die Ausbildungsleitung hielt sich in dieser Phase zurück.

Qualifikationen, die das Bildungspersonal in dieser Phase benötigte, waren:

- Pädagogische Ideen zum entdeckenden, selbstgesteuerten und kooperativen Lernen im Projekt entwickeln
- Bereitschaft, neue Wege zu erproben, z.B. in Bezug auf die pädagogische Leitlinie: "Praxis vor Theorie"
- Kompromisse im Team finden
- Bestehende Unklarheiten aushalten

Ein interner Diskussionspunkt zwischen den beteiligten Ausbildern und Ausbilderinnen war zu diesem Zeitpunkt die Frage: "Wie viel Vorschulung bzw. Vorkenntnisse benötigen Ausbilder, die ein solches Projekt realisieren wollen?"

Dazu gab es unterschiedliche Auffassungen. Ein Teil der Ausbilder war der Ansicht, man sei auf ein solches Projekt nicht ausreichend vorbereitet worden, ein anderer Teil war der Ansicht, dass die Vorbereitung der ersten Projektstufe selbst schon eine gemeinsame Qualifizierung bedeute und der Prozess ein *learning by doing* beinhalte.

Eine weitere Phase bestand in der Durchführung der ersten Projektstufe und der anschließenden Präsentation. Beteiligte in dieser Phase waren:
- Die Auszubildenden
- Die Paten
- Die Ausbildungsbeauftragten aus den verschiedenen Fachabteilungen und die hauptamtlichen Mitarbeiter der Ausbildungsabteilung
- Die Projektleitung
- Der Modellversuchsbetreuer des wissenschaftlichen Begleitinstituts

Feststellbar wurde eine gewisse Unsicherheit bei den beteiligten hauptamtlichen Ausbildern und Ausbilderinnen, was die eigene Rolle im Projekt anbetraf: Wie viel Zurückhaltung war nötig, wann wurde diese evtl. als Vernachlässigung der eigenen Ausbilderaufgabe angesehen? Welchen Stellenwert hatte die Fachlichkeit, bspw. in der Einhaltung von Toleranzen bei der Schraubstockfertigung? Wie war die Abgrenzung der eigenen Rolle zu den Paten? Unklare und widersprüchliche Erwartungen wurden auch an die Rolle der Projektleitung formuliert. Weitere Rollenunsicherheiten betrafen die Funktion und Aufgabe des Modellversuchsbetreuers. Beobachtbar wurde aber auch ein hohes Engagement bei den Ausbildungsbeauftragten aus den Fachabteilungen und die Bereitschaft, eine mehr pädagogisch begleitende und beratende Rolle für die Auszubildenden zu übernehmen.

Qualifikationsanforderungen, die in dieser Phase an das Ausbildungspersonal gestellt wurden, waren:
- Aktuelle Lernsituation der Auszubildenden einschätzen und ggf. das geplante Konzept verlassen und modifizieren
- Betriebliche Lernsituation in gemeinsamen Gesprächen mit den Auszubildenden reflektieren und auswerten
- Beratung/Coaching der Paten
- Aktive Klärung der Kooperationsstrukturen und Rollen zwischen Modellversuchsbetreuer, Projektleitung und Ausbilder und Ausbilderinnen

Ein Diskussionsthema, das diese Phase kennzeichnete, war: "Welches

Rollenverständnis benötigt ein Ausbilder im Rahmen eines solchen Projekts?"

Es folgte die Vorbereitung der zweiten Projektstufe. Über die während der ersten Projektstufe Beteiligten hinaus wurde zur Vorbereitung und Koordination ein Lenkungsausschuss ins Leben gerufen. Inhalte der gemeinsamen Arbeit waren: Auswahl der Maschinen für das Instandhaltungsprojekt; Festlegung des Projektumfangs; Ablaufstudien in der Instandsetzung; Qualifikationsanalyse der Instandhaltungstätigkeit; Entwicklung von Aufgabenstellungen für Auszubildende; Aufgabenstellungen für die Paten, z.B. indem diese Leittexte für die Gruppe entwickelten. Die gemeinsame Arbeit erfolgt im Rahmen von Workshops, moderiert durch Metaplantechnik und in Form von Erfahrungsaustausch.

Kennzeichnend für diese Phase war:
- Den Ausbilder und Ausbilderinnen wurde deutlich, dass die Regelausbildung auf Dauer "betriebsblind" für die Veränderungen der Produktion machen kann und dass ein solches Projekt eine fachliche "Weiterbildung in Eigenregie" beinhaltete;
- Die Ausbildungsbeauftragten für das Instandhaltungsprojekt äußerten sich unsicher in Bezug auf pädagogische Fragestellungen, die im Projektverlauf auftreten konnten;
- Es war ein starker Wunsch aller Beteiligten spürbar, aus den Versäumnissen der ersten Projektstufe zu lernen und konstruktiv an Verbesserungen zu arbeiten;

Qualifikationen, die vom Ausbildungspersonal in dieser Phase gefordert wurden, waren:
- Die Lernhaltigkeit eines realen Arbeitsauftrags analysieren und bewerten;
- Qualifizierungsinhalte für die Auszubildenden formulieren;
- Hilfestellung und Unterstützung für die Ausbildungsbeauftragten in pädagogischen Fragen;
- Zeitumfang und Aufwand eines Projekts abschätzen;
- Ein pädagogisches Konzept entwickeln;
- Aufgaben delegieren;
- Die Rollenverteilung und Kooperationsstrukturen unter den Beteiligten - zwischen Lehrwerkstatt und Betrieb - mitgestalten.

Ein Diskussionspunkt, der sich aus dieser Phase ergab, lautete: "Wie viel Initiative muss ein Ausbilder für neue Wege entwickeln?"

Während der Durchführung der zweiten Projektstufe erfolgten eine Reihe von Planungs- und Auswertungssitzungen mit den Auszubildenden anhand von moderierten Besprechungen unter Einsatz von Metaplantechniken. Die Ausbilder beteiligten sich an diesen Besprechungen, die von den Paten moderiert wurden, hielten sich aber aus dem unmittelbaren Geschehen an den Maschinen zurück. Der nebenamtliche Ausbildungsbetreuer trat mehr in den Vordergrund.

Qualifikationen, die das Ausbildungspersonal in dieser Phase benötigte, waren:
- Arbeitsabläufen (Planung, Organisation, Durchführung, Vorgehensweisen) der Auszubildenden durch Fragetechniken auf die Spur kommen
- Arbeitsabläufe reflektieren und zu allgemeingültigen Lernerfahrungen systematisieren
- Mögliche Gruppenkonflikte aufspüren und thematisieren
- Stagnierende Situationen durch neue Fragestellungen beleben

Die Frage, die sich nach Ablauf der Projektstufe 2 für alle Beteiligten ergab, lautete: "Welche Bedeutung haben Realprojekte für das Profil einer Ausbildungsabteilung?"

Nach Abschluss der Projekte, in der Regel im Anschluss an die Präsentationen, erfolgten gemeinsame Auswertungsgespräche, in denen die Erfahrungen mit beiden Projektstufen reflektiert und Möglichkeiten erörtert wurden, die als wichtig angesehenen Projektelemente in die Regelausbildung zu übernehmen.

Nach der Projektstufe 1 wurde anhand eines Fragebogens, den eine Diplomandin entwickelt hatte, zunächst die Bereitschaft der beteiligten Ausbilder und Ausbilderinnen erfragt, auch weiterhin Projekte in die Ausbildung zu integrieren. Die allgemeine Tendenz war äußerst positiv. Daraufhin erfolgte ein interner Workshop der Ausbildungsabteilung, bei dem Umsetzungsaktivitäten geplant und verabredet wurden.

Beschlossen wurde:
- Integration eines großen, mehrwöchigen Schraubstock-Projekts in die Ausbildung, als Ersatz der Lehrgänge Drehen, Fräsen und Schlossern (siehe Kasten 1);
- Präsentationen der Projekterfahrungen der Auszubildenden vor einem größeren Publikum;
- Im Vorfeld: Rhetorik-Schulungen;
- Kosten- und Leistungsrechnung zum Projekt Schraubstock durch die

Auszubildenden;
- Einbindung eines Teamtrainings im Rahmen einer Exkursion (siehe Kasten 2).

Schaubild 1

Projekt Schraubstock

Als Ersatz der Grundlehrgänge Schlossern, Drehen, Fräsen, Qualitätssicherung

1. Konstruktion
- **Lernziele:** vertraut werden mit dem Projekt und den Aufgabenstellungen einer Konstruktion
- **Inhalte:** Leittextbearbeitung zur Produkttechnologie, Fertigungs- und Montagetechniken,
- Technische Kommunikation
- Erstellen einer Dokumentation zum Projekt mit technischen Beschreibungen

2. Fertigung und Montage
- **Lernziele:** Kennen lernen und Ausführen von typischen Fertigungs- und Montagetätigkeiten
- Beurteilen von fertigungs- und montagetechnischen Abläufen
- **Inhalte:** Herstellen und Montieren der Teile vom Schraubstock
- Arbeitspläne schreiben, Leittexte bearbeiten Fehleranalysen durchführen sowie Organisation der Nacharbeit

3. Kosten-und Leistungsrechnung mit Präsentation
- **Lernziele:** Kostenbewusstes Denken und Einüben von Präsentationstechniken
- **Inhalte:** Anhand der technischen Unterlagen den Preis für den Schraubstock ermitteln. Kontakte im Hause herstellen und Lieferanten, Preise und Leistungsverrechnungen im Hause ausfindig machen.
- Dazu gehören auch "make-or-buy"-Fragestellungen

Schaubild 2

Seminar / Exkursion

Lernziele:
- Kennen lernen der Ausbildungskollegen und der Ausbilder
- Trainieren von Gruppenarbeit - Vom Einzelkämpfer zum Teammitglied
- Beobachtung und Reflektion des eigenen Verhaltens und der Gruppensituationen

Teilnehmer:
- Alle Auszubildenden eines Jahrgangs
- (Gruppengröße maximal 16 und 2 Ausbilder)

Dauer:
- 1 Woche in Malente-Godensande

Inhalte/Ablauf

1. Tag:
- Partnerinterview mit vorgegebenen Interviewfragen
- Erwartungen und Befürchtungen zum Seminar
- Kooperationsübung im Wettbewerb von Kleingruppen
- Auswertung der Übung als Vorübung zu einem Theaterstück
- Gruppenarbeit zum Theaterstück: Wie wollen wir miteinander umgehen?
- Wie wollen wir uns organisieren?
- Arbeitsregeln zum Projekt Theater
- Vereinbarungen für das Projektteam

2. Tag:
- Morgenrunde
- Reflektion zum Stand der Gruppenarbeit (Ich-Wir-Unser Gruppenumfeld)
- Kanufahrt
- Durchführung des Theaterstücks
- Kreativ-gestalterische Zeichenübung und Auswertung
- Reflektion und Abschlussauswertung des Seminars
- Auswertung mit Bericht

Qualifikationsanforderungen, die im Rahmen dieses Workshops an die Ausbilder und Ausbilderinnen gestellt wurden, waren:

- Die eigenen Handlungsspielräume, die zur Realisierung innovativer Elemente in der Ausbildung gegeben sind, erkennen und wahrnehmen;
- Den eigenen Qualifizierungsbedarf erkennen und benennen;
- Qualifikationsdefizite der Regelausbildung im Betrieb erkennen und neue Lernangebote entwickeln;
- Ausbildungsordnungen und betriebliche Zielsetzungen überprüfen und in Einklang bringen.

Eine Frage, die sich für die Beteiligten in dieser Phase ergab, war: "Inwieweit sollte die Ausbildungswerkstatt sich zu einem 'gläsernen Studio' für den Betrieb entwickeln?"

Inwieweit würde dazu mehr Information in den Betrieb hinein, mehr Öffentlichkeitsarbeit und eine gezielte "Vermarktung" der eigenen Dienstleistung in bezug auf die betrieblichen Entwicklungen und Veränderungen notwendig sein?

Nach der Projektstufe 2 erfolgte ebenfalls ein Auswertungstreffen, an dem neben allen am Projekt Beteiligten auch der Personalleiter, der Betriebsrat und die Jugendvertretung teilnahm.

Dabei ging es um folgende Themen:

- Allgemeine Auswertung des Modellversuchs und seiner Auswirkungen für das Unternehmen und die Ausbildung
- Vorüberlegungen für eine Fachtagung der Ausbildungsabteilung zur Planung weiterer Umsetzungsschritte

In einer anschließenden Fachtagung der Ausbildungsabteilung wurden weitere Vorarbeiten zur Umsetzung der Modellversuchselemente geleistet:

- Einschätzung der Bedeutung von Realprojekten für betriebliche Qualifizierungsziele;
- Auflistung betrieblich notwendiger Qualifizierungsinhalte;
- Benennung von weiteren, möglichen Realprojekten im Betrieb;
- Überprüfung von Kooperationsformen zwischen Ausbildungsabteilung und betrieblichen Einsatzstellen, die zur Abwicklung von Realprojekten in der Ausbildung notwendig sind;
- Vereinbarungen für das weitere Vorgehen treffen.

Deutlich wurde in dieser Situation, dass der Betrieb bisher keine Notwendigkeit sah, gezielte Projektaufträge an die Ausbildungsabteilung zu stellen. Eine gegenseitige Kunden-Lieferanten-Beziehung war noch nicht gegeben. Auf diesem Hintergrund empfand sich die Ausbildungsabteilung nicht als Partner und Dienstleister des Betriebs, sondern eher als "Bittsteller", wenn es um die Entwicklung von Projektaufträgen im Betrieb und die Suche nach möglichen Lernorten ging. Ein Marketing der Ausbildungsabteilung in eigener Sache fehlte, zumal der Betrieb durch die aktuellen, starken Umstrukturierungen wenig offen schien für weitere Veränderungen, die von der Ausbildungsabteilung ausgingen. Die zukünftig notwendig erscheinende Vernetzung zwischen Aus- und Weiterbildung schien noch sehr gering ausgeprägt und musste weiter ausgebaut werden, um integrierte Personalentwicklungskonzepte und eine wechselseitige Kunden-Dienstleistungsbeziehung aufzubauen. Konkrete Vereinbarungen zwischen allen im Bildungsbereich Beteiligten und dem Betrieb über die zu erbringenden Dienstleistungen würden notwendig werden und mussten entwickelt werden.

Weiterführende Überlegungen in dieser Phase waren:
Wie könnten Forschungsprojekte in den betrieblichen Alltag integriert werden? Sollte sich die Ausbildungswerkstatt als "Versuchswerkstatt für neue Bildungskonzepte" verstehen und wie kann sie sich in Richtung "gläsernes Studio" weiterentwickeln? Wie kann das Ausbildungspersonal sich in Zukunft systematisch weiter qualifizieren in der Leitung und Steuerung von Gruppen und gezielt auf eine stärkere gegenseitige Wertschätzung in der Partnerbeziehung zwischen Lehrwerkstatt und Betrieb hinarbeiten?

Es wurden folgende Verabredungen getroffen: Es werden weiterhin Realprojekte durchgeführt. Diese dienen nicht nur der berufsübergreifenden und betriebsbezogenen Qualifizierung der Auszubildenden, sondern auch dem Abbau von "Betriebsblindheit" bei den hauptamtlichen Ausbildern und Ausbilderinnen und der pädagogischen Qualifizierung („learning by doing") der Ausbildungsbeauftragten.

Die Qualifikationsanforderungen an das Ausbildungspersonal, die in dieser Phase deutlich wurden, waren:

- Das Ausbildungspersonal sollte betriebliche Arbeitsaufträge nach definierten Qualifizierungszielen in konzeptionelle Ausbildungssituationen umsetzen können;
- Die Arbeitsabläufe im Betrieb und die damit verbundenen, arbeitsorganisatorischen und technischen Veränderungen müssen dem Aus-

bildungspersonal bekannt sein und jeweils auf dem aktuellen Stand gehalten werden;

- Ausbilder und Ausbilderinnen benötigen Präsentationstechniken (z.B. von Ausbildungszielen und -konzeptionen, Ausbildungserfolgen, Projektideen...) und Verkaufsstrategien, um ihre Angebote als Dienstleister gegenüber dem Betrieb deutlich machen zu können;
- Ausbilder und Ausbilderinnen müssen in der Lage sein, Workshops zu leiten und auszuwerten;
- Ausbilder und Ausbilderinnen sollten je nach Bedarf neue Bildungsangebote erstellen, durchführen und überprüfen;
- Sie müssen in Zukunft mehr als zuvor in der Lage sein, eigene und fremde Lernprozesse auf dem Hintergrund der Betriebsziele zu evaluieren.

Eine weitere Frage, die sich auf dem Hintergrund der gemeinsamen Arbeit abzeichnete, war: "Warum sollten Ausbilder und Ausbilderinnen sich auch als betriebliche "Personalentwickler" verstehen?"

Ich möchte abschließend ein Resümee dieses spannenden, aber für alle Beteiligten auch anstrengenden Entwicklungswegs ziehen und mich dabei auf die Diskussionspunkte auf diesem Weg beziehen.

1.) Kann ein Qualifizierungskonzept übernommen werden, wenn die eigene Konzeptentwicklung fehlt?
Konzepte, die nicht selbst entwickelt wurden, führen schnell zu Konfliktsituationen zwischen denjenigen, die diese Konzepte umsetzen wollen und sollen. Deutlich wurde in diesem Modellversuch, dass neue Bildungskonzepte dann getragen werden, wenn sie selbst entwickelt wurden und eigene Ideen, Ziele, Werte integrieren. Dazu wird es aber notwendig, dass Ausbilder und Ausbilderinnen die eigenen Handlungsspielräume für die Entwicklung von kreativen, innovativen Bildungskonzepten erkennen. Viel "Aufklärungsarbeit" wird im Vorfeld eines solchen Projekts notwendig.

2.) Wie viel Vorschulung bzw. Vorkenntnisse benötigen Ausbilder?
Für neue Lernsituationen müssen Handlungshilfen erarbeitet werden. Dazu gehören Informationen über Veränderungen im eigenen Unternehmen, sowie auch über Bildungstrends und Forschungsergebnisse anderer Firmen, um die eigene Sichtweise und das eigene, traditionell gewachsene Ausbildungsverständnis zu erweitern. Als sehr wirkungsvoll hat sich "benchmarking" - das Lernen von anderen Unternehmen - erwiesen.

3.) Welches Rollenverständnis benötigen Ausbilder?
Nach den Erfahrungen mit diesem Modellversuch wurde deutlich, dass die Steuerung von Gruppen und Projektteams eine Veränderung der eigenen Rolle und eine stärkere Reflektion des eigenen Handelns und Verhaltens erfordern. Die Persönlichkeit des Ausbilders und seine eigene Kommunikationsfähigkeit gewinnen zunehmend an Bedeutung. Um die berufliche Rollenfindung zu erleichtern, empfiehlt sich Supervision oder "Rollencoaching".

4.) Wie viel Initiative muss ein Ausbilder für neue Wege entwickeln?
Betriebliche Anforderungen müssen in Bildungsangebote münden. Damit müssen Ausbilder für ihre(n) Kunden aktiv werden und Bildungsangebote und -konzepte entwickeln können. Sie benötigen ein aktives Dienstleistungsverständnis, das durch eigene Qualifizierungsmaßnahmen gefördert werden kann.

5.) Welche Bedeutung haben Realprojekte im Betrieb für das Profil einer Ausbildungsabteilung?
Mit Realprojekten stellen Ausbilder ihre Fähigkeiten auf den Prüfstand. Sie bauen bestehende "Betriebsblindheit" ab und gehen auf eine neue Form der Zusammenarbeit ein. Über solche Projekte wird eine größere "Kundennähe" zu den abnehmenden Abteilungen der "Auslerner" erreicht, die auch zu einer besseren Einschätzung der Bedeutung der Ausbildung für das Unternehmen führt.

6.) Inwieweit sollte eine Lehrwerkstatt ein "gläsernes Studio" für den Betrieb sein?
Wenn sich eine Ausbildungsabteilung als gläsernes Studio zum Erproben neuer Bildungskonzepte versteht, kann dadurch sichtbar gemacht werden, auf welchem Hintergrund neue Bildungskonzepte entstehen und wie sie umgesetzt werden können. Eine Ausbildungsabteilung kann damit zur "Innovationsagentur" für das Unternehmen und zu einem wichtigen "Zulieferer" für die interne Personalentwicklung werden. Erforderlich sind eine hohe Transparenz über die eigenen Aktivitäten, Präsentationen und gezielte "Marketingaktivitäten", damit das gläserne Studio vom Betrieb wahrgenommen und aktiv genutzt werden kann.

7.) Warum sollten Ausbilder sich auch als Personalentwickler verstehen?
Wenn Ausbilder sich als Personalentwickler für das Unternehmen verstehen, können auf dieser Basis die Schnittstellen zur betrieblichen Wei-

terbildung und Personalentwicklung optimiert und das Kunden-Lieferantenverhältnis verbessert werden.
Eine betriebliche Ausbildung muss sich vor allem an betrieblichen Arbeitssituationen und den Entwicklungszielen des Unternehmens ausrichten. Prüfungsergebnisse sind ein Maßstab, aber die Kundenzufriedenheit des Betriebs mit den jungen Nachwuchskräften sind ein weiterer wichtiger Maßstab für den Erfolg einer Ausbildungsabteilung. Daher ist es notwendig, dass Ausbilder die betriebliche Realität kennen und die Entwicklungen des Unternehmens aktiv verfolgen, um auf dieser Basis Entwicklungsangebote für die Auszubildenden konzipieren zu können. Neben ihrer Fachkompetenz benötigen sie dazu ebenfalls "berufsübergreifende" Handlungskompetenzen. Zu diesen gehört, ebenso wie bei den Auszubildenden, ein ausgeprägtes Verständnis der Kooperationsnotwendigkeiten zwischen den unterschiedlichen Berufsgruppen und Fähigkeiten kontinuierlichen, aktiven Weiterlernens. Wenn Ausbilder eine Rolle in der betrieblichen Personalentwicklung übernehmen wollen benötigen sie ein Bewußtsein darüber, dass sie selbst "Modelle" für Entwicklung und ständiges Lernen sind.

DorisWenzel:
Auswirkungen des Modellversuchs

In diesem Abschnitt berichtet Doris Wenzel, Ausbildungsleiterin am vierten Modellversuchstandort, über die Einbindung des Modellversuchskonzepts in die Regelausbildung - in Form von neuen Projekten, die mit den Auszubildenden realisiert wurden:

"Aufgrund der positiven Erfahrungen mit beiden Projektstufen wurde im Unternehmen beschlossen, die Modellversuchskonzeption als integrierten Bestandteil der Ausbildung zu etablieren. Dem nach der zweiten Projektstufe geäußerten Wunsch der am Modellversuch beteiligten Auszubildenden, man wolle das Projektthema selbst wählen, wurde mit einem neuen Projekt entsprochen.

Die am neuen Ausbildungsjahrgang beteiligten Auszubildenden (drei Industriemechaniker, zwei Industriekauffrauen) gingen bereits zu Jahresanfang in verschiedenen Abteilungen auf Erkundungstour. Den Fachbereichen fiel es jedoch schwer, ein "ergiebiges" Projektthema zu benennen, von dem man zudem wusste, dass es erst während der zweiten Projektphase im Herbst behandelt werden würde. Darum schlug die Ausbildungsabteilung nach Abstimmung mit der Geschäftsführung das

Projektthema "Wir verschönern das Unternehmen" vor. Dies stieß bei den Auszubildenden auf große Resonanz.

Die erste Projektstufe bestand - wie im vorhergegangenen Modellversuch - in einem "Tausch der Abteilungen. Die gewerblich-technischen Auszubildenden gingen in die Einkaufsabteilung, die kaufmännischen Auszubildenden in die Lehrwerkstatt und in den Werkzeugbau.

Die zweite Projektstufe startete im Herbst mit einem Teamtraining ganz anderer Art. Passend zum Projektthema wurden die Auszubildenden selbst kreativ und arbeiteten drei Tage zusammen mit einem Hamburger Künstler. Sie fanden über die gemeinsame Arbeit als Team zueinander - darüber hinaus entstanden Kunstwerke, die das Unternehmen gestalterisch verschönern sollten.

Im Verlauf der weiteren, von ihrem Ausbildungspaten moderierten Teamsitzungen wurde der weitere Projektablauf abgesteckt: Ein bereits im Vorfeld von den Auszubildenden entworfener und an alle Mitarbeiter versandter Fragebogen wurde gemeinsam ausgewertet, bevor dann Vorschläge von Mitarbeitern und eigene Ideen umgesetzt wurden.

So fertigten z.B. die Industriemechaniker nach Besprechungen mit der Designabteilung im Modellbau Wegweiser für das Betriebsgelände. Die Industriekauffrauen nahmen währenddessen Kontakt mit der Werbeabteilung auf, besorgten Plakate und andere Werbematerialien und holten Kostenvoranschläge für Malerarbeiten ein.

Das gemeinsam erstellte "Verschönerungskonzept" wurde abschließend vor der Geschäftsführung präsentiert und von allen Beteiligten als Erfolg bewertet. Und das nicht nur, weil vorzeigbare Verschönerungen erreicht wurden, sondern auch die mit dem ursprünglichen Modellversuchsgedanken verfolgten Ziele: Abbau von Vorurteilen, selbständiges Arbeiten im Team, entdeckendes und handlungsorientiertes Arbeiten und Lernen, Förderung von Schlüsselqualifikationen wie Kommunikations- und Teamfähigkeit, aber auch Kreativität. Weitere berufsübergreifende Projekte in der Ausbildung werden folgen."

Ausblick: Das betriebliche Ausbildungssystem als "Keimzelle" der lernenden Organisation

Was bedeutet es für ein betriebliches Ausbildungssystem, sich als "Keimzelle einer lernenden Organisation" zu verstehen? Als Voraussetzung dafür sind Lernprozesse notwendig, die über "Lernprozesse von Individuen" hinausgehen und demnach ein "Lernen des Gesamtsystems Ausbildung" beinhalten.

Wir folgen damit der Charakterisierung des organisationalen Lernens von Probst/Büchel.[13]

Aus ihrer Sicht muss Organisationslernen deutlich von individuellen Lernprozessen unterschieden werden. Es ist nicht mit der Summe individueller Lernprozesse gleichzusetzen und wird nicht allein dadurch gewährleistet, dass eine Summe von Einzelpersonen lernt - obwohl das Lernen von Individuen natürlich eine wichtige Voraussetzung ist. Organisationslernen unterscheidet sich von individuellen Lernprozessen zum Beispiel dadurch, dass in Organisationen (auf der Basis der Lernprozesse der Einzelindividuen) Wissen "gespeichert" wird und Handlungsmuster festgehalten werden - zum Beispiel indem neue Verfahren eingeführt, und Systeme optimiert werden - die *unabhängig* von Individuen existieren. "Handlungskompetenzen werden dadurch abstrahiert und Wissen replizierbar gemacht."

Definition: Organisationslernen

Nach Probst/Büchel ist "unter organisationalem Lernen der Prozess *der Erhöhung und Veränderung der organisationalen Wert- und Wissensbasis,* die Verbesserung der Problemlösungs- und Handlungskompetenz *sowie die Veränderung des gemeinsamen Bezugsrahmens* von und für Mitglieder innerhalb der Organisation zu verstehen."

Ausbildungsabteilungen, die als Gesamtsystem "lernen" wollen, benötigen ein *gemeinsam geteiltes Wissen* über die Veränderungen im Unternehmen und über die Bedeutung einer stärkeren Dienstleistungsorientierung der Ausbildungsabteilung ist. Auf dieser Basis müssen neue *Werte* - als leitende Orientierungen für die Ausbildungspraxis - entwikkelt werden, z.B.:

- Ausbildung bedeutet Dienstleistung für den Betrieb und für die Auszubildenden;
- Ausbildung sollte eine gezielte persönliche und fachliche Förderung

beinhalten;

- Lernprozesse sollten "ganzheitlich" und selbständigkeitsorientiert gestaltet werden;
- Permanente, eigene Lernprozesse des Ausbildungspersonals sind Voraussetzung dafür;
- Verbesserte Informationen über betriebliche und technische Entwicklungen erhöhen die Personalentwicklungskompetenz der Ausbildung für den Betrieb.

Eine *Verbesserung der Problemlösungs- und Handlungskompetenz* kann dadurch erreicht werden, dass Innovationen gemeinsam geplant und die Erfahrungen mit ihrer Durchführung reflektiert werden. Damit verbunden ist auch die Ermittlung eigenen Qualifizierungsbedarfs des Ausbildungspersonals, die Durchführung von Qualifizierungsmaßnahmen und die Überprüfung anschließender Veränderungen in der Praxis.

Eine Veränderung des gemeinsamen Bezugsrahmens bedeutet für die Berufsausbildung, Ausbildung nicht (mehr) als "Insel" im Unternehmen zu sehen, in der von den Unternehmensentwicklungen unabhängige Bildungsprozesse stattfinden können. Notwendig wird, sich als Teil des organisatorischen Gesamtsystems zu verstehen, in dem das *Teilsystem Ausbildung* eine zentrale Dienstleistung für das Unternehmen und die Auszubildenden als "Kunden" erbringt. Deren Interessen und Bedürfnisse sind Ausgangsbasis für die Gestaltung von Ausbildung über die Anforderungen des Ausbildungsrahmenplans hinaus. Dies bedeutet, die eigenen Dienstleistungen - Lernsituationen und -angebote, methodische Vorgehensweisen, Beratungs- und Begleitungskonzepte - ständig zu optimieren und im Austarieren mit Erfordernissen der prüfungsrelevanten Ausbildungsrahmenpläne an die Kundenbedürfnisse anzugleichen.

Werden diese drei Kriterien erfüllt, kann von Ausbildung als einem *lernenden System* gesprochen werden. Doch was sind die Voraussetzungen dafür?

Voraussetzungen für organisationales Lernen

1. Offenlegung individueller und Aushandlung gemeinsamer "Wirklichkeitskonstruktionen"

Ein wesentlicher Unterschied von Organisationslernen zu individuellem Lernen ist, dass im "System" Organisation die Wechselwirkung zwischen den verschiedenen Organisationsmitgliedern, ihre Interaktionen und ihre Beziehung zum Ganzen eine wesentliche Rolle spielen. Im Gegensatz zur individuellen Rationalität geht es hier um kollektive Rationalität und einen kollektiven Bezugsrahmen. "Damit stehen nicht individuelle Motive, Bedürfnisse oder Werthaltungen im Vordergrund, sondern überpersönliche Erfahrungswelten, kollektiv verbindliche Entscheidungsverfahren, eine normative Ordnung, die eine Einigung in Mehrheitsentscheidungen herbeiführt" (Probst/Büchel 1994, 20). Organisationslernen setzt also eine gemeinsam geteilte Wirklichkeitssicht, die den Bedürfnissen, Motiven und Werthaltungen unterschiedlicher Organisationsmitglieder Rechnung trägt, voraus. Diese gemeinsam geteilte Sichtweise kann nur zustande kommen, "wenn die Individuen bereit sind, ihre *individuellen Konstruktionen* in *kollektive Aushandlungsprozesse* einzubringen und damit ihre *individuelle Lebenswelt der Öffentlichkeit zugänglich* zu machen." (Probst/Büchel) Das Lernen einer Organisation basiert also auf dem Zusammentragen unterschiedlicher, auch gegensätzlicher Sichtweisen, und der dadurch möglichen Veränderung von kognitiven "Landkarten" oder Wirklichkeitskonstruktionen. Neue, veränderte Sichtweisen ermöglichen eine Erweiterung des bisher möglichen Verhaltensrepertoires.

"In Ausbildungssystemen geht es daher zunächst darum, die Wirklichkeitskonstuktionen der Ausbilder und Ausbilderinnen offenzulegen, um auf dieser Basis eine gemeinsam geteilte Sicht der "neuen Aufgaben und Ziele" der Ausbildung zu erarbeiten. Viele Innovationsvorhaben in der Ausbildung scheitern daran, dass die Sichtweisen, Bedürfnisse, Motive und Werthaltungen der verschiedenen Beteiligten nicht transparent gemacht und diskutiert werden, die zum Beispiel beinhalten:

- Wir haben schon immer mit traditionellen Unterweisungsmethoden gearbeitet und es ist nicht notwendig, daran etwas zu verändern;
- Wir sind ein vom Betrieb unabhängig operierendes, eigenes Bildungssystem;
- Es geht in der Ausbildung vor allem darum, gute Prüfungsergebnisse zu erzielen - daher sollten wir uns auf die fachliche Qualifizierung beschränken;

- Wir befürchten, dass wir die anstehenden Veränderungen und neuen Anforderungen in der Ausbildung nicht bewältigen können;
- Wir fühlen uns der anstehenden, veränderten Rollendefinition als Ausbilder und Ausbilderinnen nicht gewachsen;
- Wer befürworten ein Denken in fachlich getrennten Ausbildungsabteilungen, da diese Konstruktion für uns überschaubar ist und zumindest Erfolgserlebnisse für diejenigen ermöglicht, die sich im Rahmen ihrer Abteilungen engagieren;
- Wir befürchten Konflikte, die durch fachübergreifende Zusammenarbeit zwischen den Ausbildungsabteilungen entstehen werden", usw.

Erst auf der Basis eines offenen, gegenseitigen Austauschs können anschließend diejenigen Aushandlungsprozesse stattfinden, die zu "gemeinsam geteilten Wirklichkeitskonstruktionen" führen. Deren Erarbeitung kann nicht ohne die Diskussion auch konflikthafter, kontroverser Sichtweisen geschehen. Eine solche, erste Stufe im Lernprozess des Ausbildungssystems benötigt Zeit und eine hohe Motivation aller Beteiligten. Dies setzt wiederum voraus, dass die Notwendigkeit, veränderte Sichtweisen der eigenen Arbeitsinhalte, Orientierungen und Ziele zu erarbeiten, eingesehen wird. Die Beschäftigung mit der "Systemumwelt" - die offene und umfassende Information über die aktuellen gesellschaftlichen und unternehmenspolitischen Entwicklungen und zukünftig zu erwartenden Veränderungen in der eigenen Organisation - sind dazu unerlässlich. Eine wichtige Aufgabe von innovativen Ausbildungsleitungen besteht darin, einen entsprechenden Diskussionsprozess im Ausbildungssystem in Gang zu bringen, Konfliktthemen aufzuzeigen und deren konstruktive und angstfreie Bearbeitung zu ermöglichen, bspw. in Form von Workshops und Arbeitstagungen. Eine weitere Maßnahme, die Erweiterung und Veränderung von individuellen Wirklichkeitskonstruktionen zu ermöglichen, besteht in der Ermittlung von Weiterbildungsbedarf auf dem Hintergrund der Bereichsziele und in der Bereitstellung entsprechender Angebote.

2. Die Transformation von Individuallernen zum Organisationslernen
Um vom Individuallernen zum Organisationslernen zu kommen, müssen einige „Transformationsbedingungen" gegeben sein. Nach Probst sind dies:

- Kommunikation: Ohne Kommunikation kann kein Wissen verfügbar gemacht werden und können keine Sichtweisen ausgetauscht und in kollektive Aushandlungsprozesse eingebracht werden;
- Transparenz: Der Verlauf und das Ergebnis von Kommunikationsprozessen muss allen Organisationsmitgliedern in öffentlicher Form zugänglich und transparent gemacht werden, um individuelles Wissen zu transferieren. Organisationen benötigen dazu materielle „Speichermedien" - sowohl für kognitive Wissensbestände, als auch für symbolische Werte (Leitbilder, Rituale, geschriebene Regeln, Belohnungssysteme, Entlohnung, usw.);
- Integration: Die kollektiven Aushandlungsprozesse, und auch die Handlungen der Individuen müssen in das Ganze integriert werden.

Kommunikation: Für eine Ausbildungsabteilung kann Kommunikation vor allem bedeuten, Gesprächsforen zu den oben benannten "Sichtweisen", aber auch zu Zielvereinbarungen, Abstimmungen, Planungen zwischen den verschiedenen Fachbereichen einzurichten. Unerläßlich sind dafür die Schaffung einer vertrauensvollen, offenen und effizienten Gesprächskultur, sowie Absprachen und Vereinbarungen, welche Mitglieder des Ausbildungssystems in welchen Besprechungen vertreten sein müssen, um einen schnellen Austausch von Informationen zu gewährleisten. Kommunikation bedeutet darüber hinaus, bei allen Maßnahmen, Vereinbarungen, usw. "Rückkoppelungsschleifen" - im Sinne neuer Verständigungsschritte - einzuplanen:

- Wie wurde die Vereinbarung verstanden, was waren die Ziele aus der Sicht der verschiedenen Beteiligten?
- Was wurde umgesetzt? In welcher Form? Wie hat sich dieses ausgewirkt?
- Welche Probleme sind aufgetreten?
- Wie ist der aktuelle Stand im Ausbildungsbereich?
- Welche neuen Anforderungen werden aus dem Umfeld erkennbar?
- Welche weiteren Maßnahmen werden von den Beteiligten als notwendig angesehen?

Transparenz: Wenn es darum geht, die Ergebnisse von Kommunikationsprozessen den Mitgliedern der Ausbildungsabteilung transparent zu machen, ist damit nicht nur Information über Besprechungsinhalte gemeint. Im Prinzip benötigen alle Beteiligten einen Überblick darüber, wo das "System Ausbildung" im Moment steht, welche Veränderungen an welcher Stelle durchgeführt werden, in welche Richtung sich der Bereich bewegt und wie die Umfeldanforderungen und -reaktionen sind. Transparenz benötigt daher auch "Speichermedien", und zwar nicht nur für kognitive Wissensbestände (Protokolle, Aushänge, schriftliche Vereinbarungen, Pläne, Organisationssysteme, Handbücher), sondern auch für "immaterielle Werte". Beispiele für solche "immateriellen Werte" sind: Wie wird jedem Mitglied des Ausbildungssystems eindeutig transparent gemacht, welche Ausbildungskultur und welche Ausbildungsorientierung gelten soll? Wie wird die neu vereinbarte Abteilungsstruktur für alle transparent und nachvollziehbar? Wie wird für alle deutlich, welche Qualitätskriterien für die Ausbildung gelten?

"Speichermedien" für solche immateriellen Werte in einer innovativen Ausbildungsabteilung können zum Beispiel sein:

- Ein gemeinsam herausgearbeitetes Leitbild für den Ausbildungsbereich, abgeleitet aus den Entwicklungszielen des Unternehmens
- Rituale zur Anerkennung von gelingender Kooperation zwischen Fachabteilungen
- Präsentationen und das Feiern von Projekterfolgen
- Vereinbarte und festgeschriebene Regeln für den konstruktiven Umgang mit konflikthaften Sichtweisen
- Regelmäßige Überprüfung der Ausbildungsqualität anhand von Fachgesprächen, Fallbesprechungen, Kundenbefragungen, Auswertung von Arbeitsergebnissen
- Belohnung und Anerkennung von aktiver Weiterbildungsbereitschaft beim Ausbildungspersonal
- Förderung von Entwicklungsbereitschaft beim Ausbildungspersonal durch weitere Entwicklungsangebote
- "Vorleben" erwünschten Führungsverhaltens und Vereinbarung von "Führungsgrundsätzen" im Umgang zwischen Ausbildungsleitung und Ausbilder und Ausbilderinnen
- Abbau von hierarchischen (Unter-)gliederungen und Aufbau von Teamstrukturen

Integration bedeutet, einzelne Handlungen und Veränderungen miteinander zu vernetzen und in das Gesamtsystem zu integrieren. Dies bedeutet die Koordination und Abstimmung vieler einzelner Maßnahmen im Ausbildungsbereich intern - über Kommunikation, Absprachen und die Entwicklung und Realisierung vernetzter Veränderungskonzepte. Es bedeutet aber auch die Vernetzung einer Ausbildungsabteilung mit ihrem Umfeld, bspw. durch eine engere Kooperation mit der Weiterbildung/Personalentwicklung im Unternehmen. Ohne Integration und Vernetzung kann kein Lernprozess für die Gesamtorganisation stattfinden, sondern dieser wird nur auf Teilsysteme und partielle Veränderungen beschränkt bleiben. Ausbildungsleitungen sind hier gefordert, die notwendigen Vernetzungen anzubahnen, einzufordern, zu planen und regelmäßig zu überprüfen und auf diese Weise die Gesamtentwicklung des betrieblichen Ausbildungssystems zu steuern.

3. Die unterschiedlichen Ebenen organisationalen Lernens

Probst/Büchel unterscheiden drei unterschiedliche Ebenen des Lernens:

- Anpassungslernen: Die Angleichung an Veränderungen in der jeweiligen "Umwelt" der Organisation oder der Organisationsmitglieder und die Beseitigung von Störungen durch entsprechende Strategien, sowie die Integration dieser Strategien in das bestehende Repertoire.
- Veränderungslernen: Überprüfung bestehender Normen und Werte, das Setzen neuer Prioritäten und Gewichtungen; die Veränderung bestehender Strukturen führt zu neuen Handlungstheorien, die das Bild und die Tiefenstruktur einer Organisation verändern.
- Prozesslernen: Das "Lernen des Lernens" stellt die höchste Ebene eines organisationalen Lernprozesses dar, bei dem dadurch, dass die Prozesse des Lernens selbst zum Gegenstand werden, die Lernfähigkeit insgesamt verbessert wird. Bewusstwerdungsprozesse, Reflexionen von Lernerfahrungen und die Erkennung von "Mustern" führen dazu, dass eine Veränderung der Organisation in ihrer Tiefenstruktur möglich wird - vorausgesetzt, die Kriterien: Kommunikation, Transparenz und Integration werden in diesem Lernprozess berücksichtigt.

Anpassungslernen bedeutet für eine Ausbildungsabteilung, sich der anstehenden Veränderungen im organisatorischen Umfeld, oder auch neuen oder veränderten Orientierungen in der Ausbildung bewusst zu werden und dafür die entsprechenden Konzepte bzw. methodischen "Antworten" zu entwickeln. Auf dieser Basis können dann Verabredungen über interne Veränderungen getroffen und realisiert werden, wie z. B. die Hinzunahme neuer, fachlicher Komponenten in der Ausbildung, die Anwendung innovativer Lernmethoden, die Überprüfung und Angleichung von

Ausbildungsplänen, usw.. Gerade im Ausbildungszusammenhang ist es wichtig zu sehen, dass *eine* Form des Anpassungslernens die Arbeit sehr entscheidend prägt: nämlich das Lernen für die Prüfung!

Veränderungslernen bedeutet, sich den Anforderungen aus dem Umfeld nicht nur anzupassen, sondern Fähigkeiten zu entwickeln, eigenaktive Veränderungen zu initiieren. Für eine Ausbildungsabteilung bedeutet dies, die bestehenden Werte und Normen zu überprüfen: "Arbeiten wir reaktiv oder pro-aktiv?" "Welche Prioritäten und Gewichtungen sollen für die Berufsausbildung in Zukunft gelten?" "Welche Prioritäten und Gewichtungen gelten für die Qualifizierungsprozesse des Ausbildungspersonals?"

Prozesslernen als die höchste Ebene organisatorischen Lernens wird dann möglich, wenn die Lernprozesse des organisatorischen Systems selbst zum Gegenstand werden. Ein betriebliches Ausbildungssystem könnte zum Beispiel die "Muster" analysieren und reflektieren, die den eigenen Lernprozessen zugrunde liegen und in weiteren Arbeitsschritten deren Ursachen analysieren:

- Wie wird in unserem Bereich mit Veränderungsanforderungen von außen umgegangen?
- Wie gehen wir mit Konflikten um?
- Welche Schwierigkeiten tauchen immer wieder auf?
- Welche Kommunikationsmuster haben sich eingespielt?
- Wie erfolgt bisher unsere eigene Qualifizierung und welche Ziele können damit erreicht werden?
- Welches "Lernverhalten" wird in unserem Bereich "belohnt", welches wird ignoriert oder "bestraft"?
- Welche Werte signalisieren wir den Auszubildenden durch unser Verhalten?

Auf der Basis dieser Metareflexion können Veränderungen der diesen Mustern zugrundeliegenden Haltungen ausgehandelt und vereinbart werden. Gelingt es einer Ausbildungsabteilung, die "Lernprozesse des Systems" immer wieder zu überprüfen und neue Verhaltensweisen und Orientierungen zu vereinbaren, wird sich dieser Bereich auf Dauer zur *lernenden Organisation* entwickeln.

Wie wird Ausbildung zur "Keimzelle einer lernenden Organisation"?

Wir möchten an dieser Stelle auf ein Beispiel aus dem oben dargestellten Modellversuch - den Entwicklungsprozess des Ausbildungssystems der Trägerfirma - verweisen. Ein eigener Entwicklungsprozess begann in der Ausbildungsabteilung auf der Basis einer veränderten, gemeinsam erarbeiteten Wirklichkeitskonstruktion: Ausbildung muss sich in einem Unternehmen als Dienstleister, als Innovationsagentur und als wichtiges Element betrieblicher Personalentwicklung verstehen und im Sinne der längerfristigen Unternehmensstrategien pro-aktive Konzepte für die Qualifizierung der Auszubildenden entwickeln. Damit kommen neue Rollenanforderungen und eigene Lernschritte auf das Ausbildungspersonal zu. Der Weg zu dieser Wirklichkeitskonstruktion legte konflikthafte Auffassungen der beteiligten Ausbilder und Ausbilderinnen offen und gab auch Hinweise auf noch bestehende "Inkongruenzen" bezüglich der Entwicklungen in unterschiedlichen Unternehmensbereichen.

Der nun folgende Prozess war geprägt von Kommunikation und Transparenz: Vertreter aus den Fachabteilungen, Ausbilder und Ausbilderinnen, Ausbildungsleitung, Betriebsräte und Jugendvertretung bildeten die Multiplikatorengruppe, die die Idee der Projektarbeit ins Ausbildungssystem tragen sollten. Die Auszubildenden wurden informiert über die Ziele, die mit diesem Projekt verfolgt wurden, und die Unternehmensentwicklungen, die den Hintergrund der geplanten Veränderungen bildeten. Die Projekterfahrungen wurden regelmäßig reflektiert und auf dem Hintergrund der angestrebten Ziele bewertet. Bereichsübergreifende Präsentationsveranstaltungen dienten dazu, möglichst viele Beteiligte im Gesamtunternehmen, Vertreter anderer Firmen, die Berufsschulen und Vertreter von Hochschulen über die Entwicklungen und Veränderungen im Ausbildungssystem zu informieren und das eigene "Dienstleistungsverständnis" als erste Stufe betrieblicher Personalentwicklung transparent werden zu lassen.

Zwischen Projektstufe 1 und Projektstufe 2 fand "Veränderungslernen" statt. Die Prioritäten und Gewichtungen der beteiligten Ausbilder und Ausbilderinnen in der ersten Projektstufe wurden überprüft, die dahinter stehenden Einstellungen und Haltungen (Orientierung am fachlichen Lernprozess; "Fehler" als Problem...) diskutiert und für die zweite Projektstufe wurden Veränderungen geplant (Orientierung an der selbständigen Bewältigung der Arbeit im Team, "Fehler" müssen möglich sein).

Prozesslernen ist eine angestrebte, nächste Stufe der Ausbildungsabteilung: Diese hat damit begonnen, dass der - durchaus nicht konfliktfreie - Entwicklungsprozess des Ausbildungsbereichs in der Endauswertung der Projekterfahrungen zum Gegenstand werden konnte. Die Reflexion und Überprüfung von eigenen Lernprozessen und Mustern im Rollenverhalten, die Definition des eigenen Qualifizierungsbedarfs und die Vereinbarung gemeinsamer Qualifizierungsmaßnahmen führte zur Planung von "coaching-workshops" für das Ausbildungspersonal.

Ein wichtiger, nächster Schritt aus der Perspektive der Ausbildungsabteilung ist eine stärkere Vernetzung des eigenen Dienstleistungsangebots mit der betrieblichen Weiterbildung und die gemeinsame Entwicklung übergreifender "Personalentwicklungskonzepte".

Ausbildungsprojekte, aber auch andere innovative Elemente in der Ausbildung können dazu führen, dass sich eine Ausbildungsabteilung zur "Keimzelle" eines lernenden Unternehmens entwickelt. Ausgehend von zunächst internen Veränderungen über systematische Vernetzungen mit dem Unternehmensfeld kann ein breiter Kreis von Beteiligten erreicht und in die geplanten Innovationen einbezogen werden. Viele Beteiligte lernen, Arbeits- und Lernprozesse nicht als getrennt voneinander zu behandelnde Aspekte zu betrachten, sondern als integrierte Prozesse zu begreifen, für die es niemals zu früh und selten zu spät ist - auch nicht als Ausbilder oder Führungskraft. Und nicht zuletzt werden bei den Auszubildenden, als den Nachwuchskräften der Zukunft, "Keime" dafür gelegt, sich entwicklungsoffen, kreativ und eigenaktiv für Veränderungen und Verbesserungen im Unternehmen zu engagieren.

Anmerkungen:

1 Herz, G. / Ross, M.: Temporäre Lerninseln. Ein kundenorientierter Weg zum lernenden Unternehmen. Dokumentation des 2. BIBB-Kongresses 1996, Berlin 1997

2 Vgl. zu diesem Thema den Sammelband von P. Dehnbostel, W. Markert, H. Novak: Workshop. Erfahrungslernen in der beruflichen Bildung – Beiträge zu einem kontroversen Konzept. Neusäss 1999. Speziell zur Frage der Reflexion solcher Lernprozesse vgl. den darin enthaltenen Beitrag von R. Jacobs: Structured On-The Job-Training, S. 281f.

3 Vgl. Ross, Michael / Herz, Gerhard: Der Wertschöpfungsstrom als Leitidee eines lernenden Unternehmens, IBU-Manuskript 1999 und Weilnböck-Buck, Inge; Dybowski, Gisela; Buck, Bernhard: Betriebliche Innovations- und Lernstrategien. Implikationen für berufliche Bildungs- und betriebliche Personalentwicklungsprozesse; Manuskript 1995

4 Speziell zu diesem Thema sind beim IBU Erfahrungen und Informationen aus der wissenschaftlichen Begleitung eines Modellversuchs zur Förderung des vernetzten Denkens und Handelns (Träger: khs - Know-How-Systems und GAB) erhältlich.

5 Dies zeigt z.B. auch die wachsende Nachfrage in den Unternehmen an kombinierten Berufsrichtungen, wie z.B dem "Wirtschaftsingenieur", dem "kaufmännischen Techniker" usw.

6 Siehe Müller, Hans-Joachim: "Was kann das Konzept des handlungsorientierten Lernens in der Berufsausbildung leisten"? in: Peters, S. (Hrsg.): Lernen im Arbeitsprozess durch neue Qualifizierungs- und Beteiligungsstrategien, Opladen 1994

7 Vgl. den letzten Abschnitt in diesem Band: Ausblick.

8 Vgl. dazu den Beitrag von Ute Schmoldt-Ritter im Abschnitt III in diesem Band.

9 Vgl. Sattelberger, Thomas: "Gedankenskizze zu Nachwuchsermittlung, Projektarbeit und Coaching" in: Sattelberger, Thomas (Hrsg.): Innovative Personalentwicklung, Wiesbaden 1989.

10 In diesem Rahmen soll nur ein schlaglichtartiger Überblick über die entsprechenden Chancen, die ein solches Konzept für die betriebliche Personalentwicklung bietet, gegeben werden.

11 Vgl. dazu Abschnitt III dieses Bands: Auswirkungen des Modellversuchs auf den Lernprozess der Auszubildenden.

12 Vgl. dazu die o.g. Ergebnisse aus den USA zur Bedeutung der Reflexion für ein erfolgreiches on-the-job-Training: R. Jacobs in: Dehnbostel et al., a.a.O.

13 Probst, G./Büchel, B.: Organisationales Lernen - Wettbewerbsvorteil der Zukunft, Wiesbaden 1994

Institut für Betriebliche Bildung und Unternehmenskultur IBU

Das IBU begleitet Entwicklungs- und Veränderungsprozesse in Betrieben. Als wichtigste Kraft in solchen Prozessen setzen wir dabei auf die Initiative, die Kreativität und die Fähigkeiten der Mitarbeitenden. Diese Entwicklungsaufgabe unterstützen wir durch:

- Bildungskonzepte zu Fragen der Wertschöpfungsgestaltung und der Verbindung von Arbeits- und Lernprozessen
- Entwicklungsbegleitung für lernende Organisationen
- Schulungen für alle Unternehmensebenen, von den Auszubildenden bis zu den Führungskräften
- Forschung und Gutachtertätigkeit

Alle unsere Instrumente sind in der Zusammenarbeit mit Firmen und Beratern – z.T. in internationalen Projekten – entstanden

Kontakt:
Dr. Gerhard Herz - Dr. Michael Ross
Augsburger Strasse 31a
Tel: +49 (0) 8142 570770
Fax: +49 (0) 8142 58833
e-mail: ibu-am@t-online.de
Internet: www.ibuibu.com